JN110448

カラー版 もっと妙な線路大研究 東京・首都圏篇

竹内正浩
Takeuchi Masahiro

JIPPI Compact

実業之日本社

はじめに

いまや「廃線巡り」が旅行会社の団体旅行商品として販売されている時代である。廃線巡りが鉄道趣味界でもほんとうに少数派だったといえば、信じられないという声が聞こえそうだ。

著者が中学生のころ愛読した『鉄道雑学事典』という本には、鉄道趣味のさまざまな分野が紹介されていた。その本によれば、鉄道趣味の王道は「鉄道写真」や「鉄道模型」、あるいは「鉄道ダイヤ」や「切符」、「車両」や「乗りつぶし」あたりで、廃線マニアは珍種マニアの中でもさらに少数派、ほとんど人間扱いされていない。団体旅行が催行される現代との隔世の感をしみじみ禁じえない。

かつて鉄道趣味といえば、小中学生あたりの少年が通過儀礼的に一時《いっとき》熱中するが、ほんの一握りを除いて、きれいさっぱり忘れ去って大人になっていくものだった。はたち前後の男性が鉄道マニアと口に出して言おうものなら、さんざんバカにされた。白眼視すらされた。そういう風潮が１９９０年代前半、平成の初めごろまで確かに存在していたのである。

まして女性が鉄道好きを公言できるはずもなかった。女性の鉄道好きというのは、沙漠の砂粒から一粒のダイヤモンドを探すに等しかった。

四面楚歌的状況だったそのころからただひとり鉄道好きを公言していた女性の著名人が、エッセイストの酒井順子さんである。著者はこの一点だけでも酒井さんを尊敬する。どんな分野であれ、他人からどう思われようと最初に手を上げる人は尊い。

さて、このシリーズも5冊目となる。「廃線巡り」以上に、鉄道趣味では極北的存在である路線の線形の謎を取り上げ、おっかなびっくり船出したが、幸い読者の皆さんの好評の声に支えられて、ここまでやってきた。

実は今回も掲載分の1・5倍くらいの数の図の作成を編集部にお願いしたが、各項目の文章が膨らみ、どうしても割愛せざるをえなかった。載せきれなかった話や図はたくさんある。次回以降の話の種もまだまだたくさんあると予告しておこう。

今回は武蔵野線沿線を多く取り上げた。この路線は高度経済成長期に建設された路線で、利用されている割には地味な印象があったが、調べてみると面白い話がたくさん出てくる。いつか武蔵野線だけで1冊まとめてみたいという衝動を抑えきれない。

なお、現行の路線以外、本書の図版に記載された路線の経路はすべて推定であることをおことわりする。図版に掲載された路線や自治体、施設などの名称は、その路線の経路が検討されていた当時のものである。

CONTENTS

はじめに …… 2
インデックスマップ …… 8

第1章　東京23区の妙な線路

1 なぜ山手線に踏切が一つだけ残っているのか？ …… 10
2 なぜ山手線は明治神宮沿いを通っているのか？ …… 14
3 なぜ渋谷駅の埼京線ホームは遠かったのか？ …… 18
4 なぜ新宿駅構内に中央線の駅が二つあったのか？ …… 22
5 なぜ新宿駅前に巨大な浄水場があったのか？ …… 26
6 なぜ中央線は新宿御苑沿いを通っているのか？ …… 30

7 なぜ水道橋駅は東京ドームの目の前にあるのか？…… 38
8 なぜ秋葉原駅の目の前に万世橋駅があったのか？…… 42
9 なぜ東京駅の駅舎は左右対称ではないのか？…… 50
10 なぜ上野が東京の北の玄関駅になったのか？…… 54
11 なぜ東京駅以外の駅前広場は広くないのか？…… 58
12 なぜ東京モノレールは中途半端な浜松町始発なのか？…… 62
13 なぜ羽田空港駅は空港敷地の外側にあったのか？…… 70
14 なぜ常磐線は日暮里から急カーブを描いているのか？…… 82
15 なぜ尾久駅だけぽつんと離れているのか？…… 86
16 なぜ湘南新宿ラインは池袋～赤羽間を迂回するのか？…… 90
17 なぜ赤羽駅は東京の北のターミナルになったのか？…… 94

第2章　東京50㎞圏の妙な線路

⑱なぜ井の頭線は吉祥寺を目指したのか？……98
⑲なぜ中央線を跨ぐ南北方向の私鉄がなかったのか？……106
⑳なぜ武蔵野線は競馬場を結んでいるのか？……110
㉑なぜ新小平駅はトンネルの間に顔を出しているのか？……118
㉒なぜ東川口駅は川口駅の東にないのか？……122
㉓新三郷駅の線路沿いには何があったのか？……126
㉔なぜ首都近郊のミニ私鉄流山電鉄が誕生したのか？……130
㉕なぜ八柱駅と新八柱駅の読みが異なるのか？……134
㉖なぜ京葉線の一部だけ海岸線に面しているのか？……138

27 なぜＪＲと京成は至近距離を並走しているのか？……146
28 なぜ湘南モノレールは住宅地をくねくね走れるのか？……154
主な参考文献……159

●本書掲載の地図について（順不同）
・「今昔マップに加筆」とあるものは、時系列地形図閲覧サイト「今昔マップ on the web」（©谷　謙二）の地図に加筆したものです。http://ktgis.net/kjmapw/
・「地理院地図に加筆」とあるものは、国土地理院の「地理院地図」を使用して制作したものです。立体表現の加工があるものは、ＤＡＮ杉本氏制作のカシミール３Ｄで「スーパー地形セット」と「地理院地図」を使用しています。https://www.kashmir3d.com/
・「東京時層地図に加筆」とあるものは、一般財団法人日本地図センターのiOS用アプリケーション「東京時層地図」を使用して制作したものです。https://www.jmc.or.jp/digital/app/iphone-tokyo-index/
以上の地図制作に関するアプリケーション開発・データ整備等にご尽力された各位に心より感謝申し上げます。

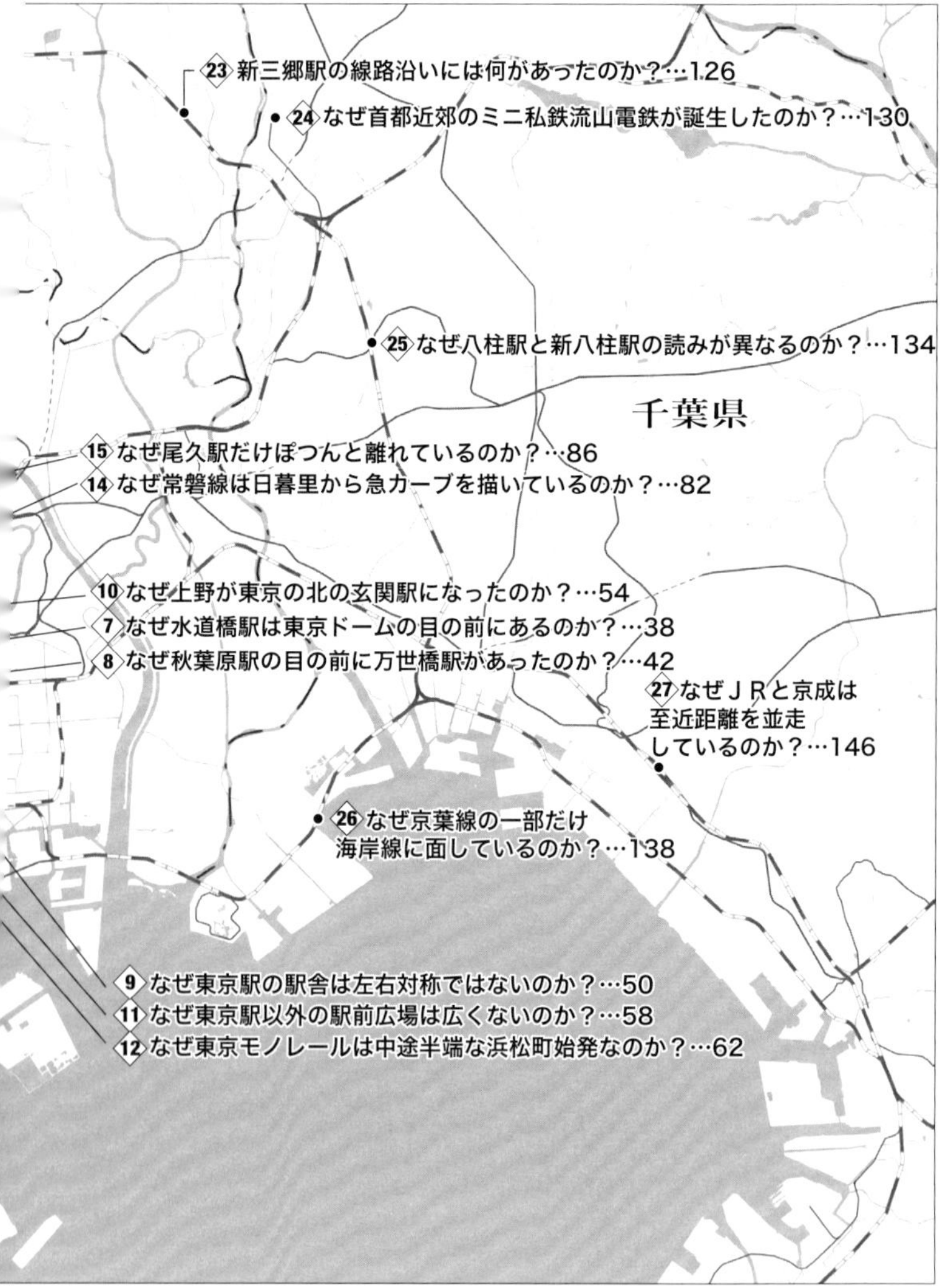
23 新三郷駅の線路沿いには何があったのか？…126
24 なぜ首都近郊のミニ私鉄流山電鉄が誕生したのか？…130
25 なぜ八柱駅と新八柱駅の読みが異なるのか？…134
千葉県
15 なぜ尾久駅だけぽつんと離れているのか？…86
14 なぜ常磐線は日暮里から急カーブを描いているのか？…82
10 なぜ上野が東京の北の玄関駅になったのか？…54
7 なぜ水道橋駅は東京ドームの目の前にあるのか？…38
8 なぜ秋葉原駅の目の前に万世橋駅があったのか？…42
27 なぜＪＲと京成は
至近距離を並走
しているのか？…146
26 なぜ京葉線の一部だけ
海岸線に面しているのか？…138
9 なぜ東京駅の駅舎は左右対称ではないのか？…50
11 なぜ東京駅以外の駅前広場は広くないのか？…58
12 なぜ東京モノレールは中途半端な浜松町始発なのか？…62

INDEX MAP

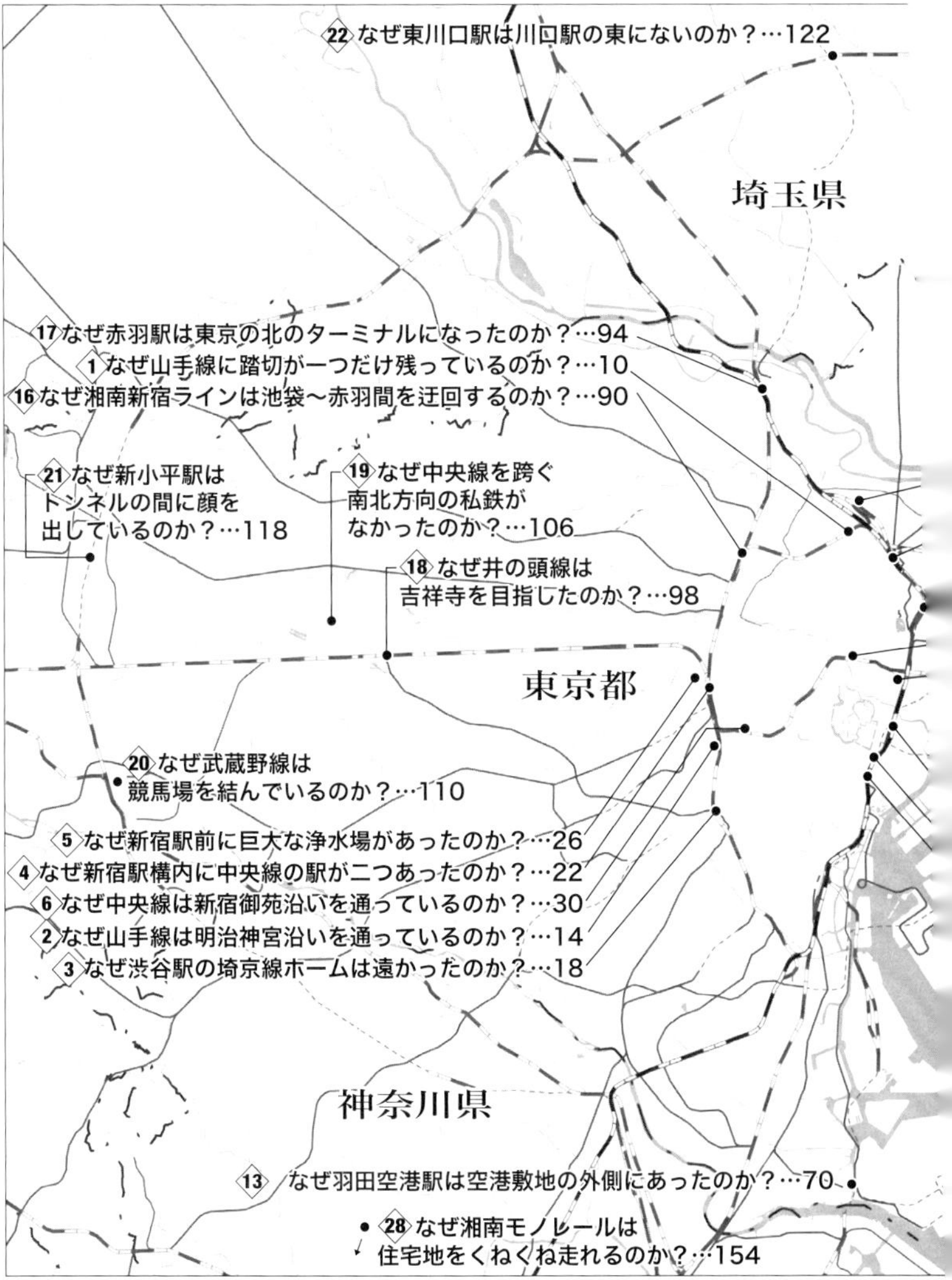

22 なぜ東川口駅は川口駅の東にないのか？…122
埼玉県
17 なぜ赤羽駅は東京の北のターミナルになったのか？…94
1 なぜ山手線に踏切が一つだけ残っているのか？…10
16 なぜ湘南新宿ラインは池袋～赤羽間を迂回するのか？…90
21 なぜ新小平駅はトンネルの間に顔を出しているのか？…118
19 なぜ中央線を跨ぐ南北方向の私鉄がなかったのか？…106
18 なぜ井の頭線は吉祥寺を目指したのか？…98
東京都
20 なぜ武蔵野線は競馬場を結んでいるのか？…110
5 なぜ新宿駅前に巨大な浄水場があったのか？…26
4 なぜ新宿駅構内に中央線の駅が二つあったのか？…22
6 なぜ中央線は新宿御苑沿いを通っているのか？…30
2 なぜ山手線は明治神宮沿いを通っているのか？…14
3 なぜ渋谷駅の埼京線ホームは遠かったのか？…18
神奈川県
13 なぜ羽田空港駅は空港敷地の外側にあったのか？…70
28 なぜ湘南モノレールは住宅地をくねくね走れるのか？…154

1

なぜ山手線に踏切が一つだけ残っているのか？

山手線は日本で最も列車が往来する路線の一つである。運転本数の多い昼間の時間帯で1時間あたりおよそ30本。２分に一度列車が行き来している計算になる。

そんな山手線だが、駒込《こまごめ》〜田端《たばた》間の山手線には今も踏切がある。第二中里《だいになかざと》踏切という。池袋〜目白間にあった長崎道《ながさきみち》踏切が平成17年（２００５）に廃止されて以降、本線上唯一の踏切となった。頻繁に列車が通過する山手線に、遮断機が上下する踏切が残っているのは驚きだ。

この踏切が開設されたのは、山手線に新たに電車専用線が開通した大正14年（１９２５）。それまで山手線の列車は、ほぼ山手貨物線（現在は湘南新宿ラインの旅客列車が通る）と同一の経路を通っていた。山手貨物線は蒸気機関車時代に建設された路盤を通るため、途中3ヶ所の立体交差区間（原宿《はらじゅく》〜新宿に12・3パーミル、池袋〜大塚に11・5パーミル、駒込〜田端操車場に12・5パーミル）に10パーミルを超える勾配《こうばい》があるほかは10パーミル以内に抑えられている。明治時代は全区間が10パーミル以下の勾配だった。

明治時代の山手線は田端〜駒込間に立ちはだかる道灌山《どうかんやま》（武蔵野台地の崖線《がいせん》）を越えるの

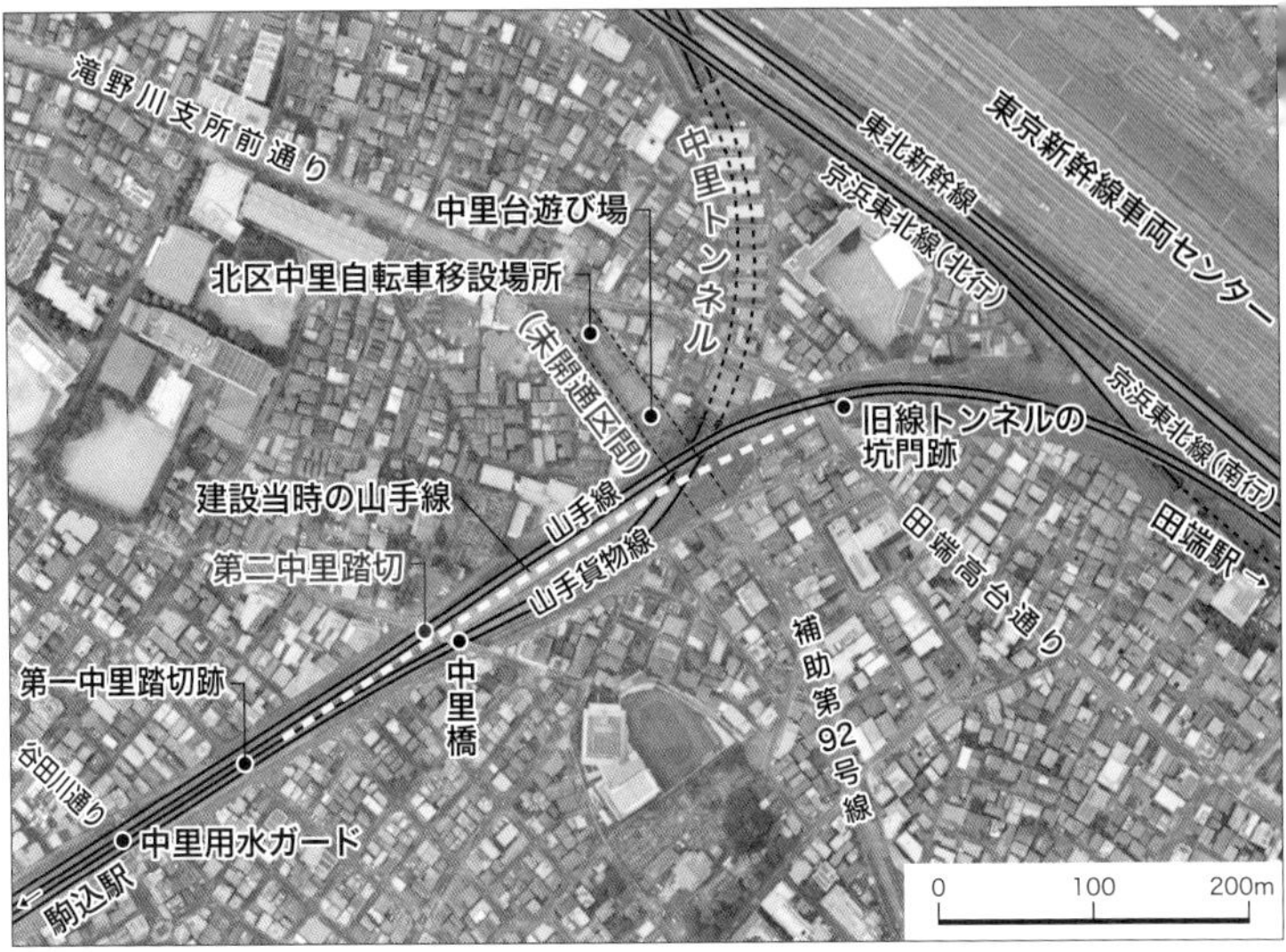

第二中里踏切と「補助第92号線」の位置関係を示した。この区間の山手貨物線を走るのはほとんど湘南新宿ラインの列車である。「地理院地図」の空中写真に加筆。

に深い切り通しで緩やかな勾配にしたのだが、勾配に強い電車を通す新たな山手線（電車専用線）は、田端操車場を経て東北本線方面に抜ける貨物線として建設されていた中里《なかざと》トンネルを跨ぐ都合上、田端から一気に道灌山の高さまで25パーミルの急勾配で駆け上がる線路を敷設したのである。山手線の第二中里踏切を越えると眼下に山手貨物線を見下ろす中里橋が架橋されているのはそういう経緯があったからだった。

山手線を挟んで目も眩む深い谷が口を開けているように見えるが、もとはひとつづきの土地だったのである。

だが、最後の踏切もあと数年で消えるかもしれない。この踏切が残されていた一因は、北東約200メートルを通る予定の

「東京都市計画道路補助線街路第92号線」（補助第92号線）という都市計画道路の開通が遅れていたためだが、山手線を跨ぐこの道路の工事がいよいよ始まろうとしているのだ。近い将来計画されている山手線の自動運転化の実現にあたっては、踏切の全廃が不可欠だったからでもある。

この道路は、北区西ヶ原《にしがはら》1丁目から荒川区西日暮里《にしにっぽり》4丁目に至る2・2キロの都市計画道路だ。終戦直後の昭和21年（1946）に戦災復興院（国土交通省の遠い前身の一つ）によって計画された路線の一つである。

長らく手つかずのままだった道路に最近大きな動きがいくつかあった。令和3年（2021）3月、最も困難といわれていた北区中里《なかざと》3丁目と田端《たばた》6丁目を結ぶ160メートルの事業認可が下りたのである。この区間は山手線を跨ぐ大工事が控えている。

切り通しの北側の道路整備はほとんど完了している。線路に近い部分だけが未完となっており、中里台遊び場と北区中里自転車移設場所が暫定使用している状況が昭和61年（1986）以来40年ちかくつづいている。山手線を跨ぐ道路建設の際には、山手線電車との干渉を防ぐため、線路の北側の道路を2・5メートル嵩上げするという。

第二中里踏切というからには第一中里踏切がありそうなものだが、どこにも見当たらない。第一中里踏切は第二中里踏切より駒込駅寄りにあったが、とっくの昔に廃止されてし

山手線の列車が行き来する第二中里踏切。山手線の中では駒込付近が最ものどかさを漂わせている。踏切の先の山手貨物線は明治時代から立体交差になっており、中里橋で渡る。電車線の踏切なのになぜか蒸気機関車の「踏切あり」の標識が残る。

まったからだ。

第二中里踏切には何度も訪れたことがある。だが、踏切を通る列車が山手線のみのせいだろうか、開かずの踏切という印象はない。遮断機が下りてイライラした人に出会ったこともなく、待ち人も結構のんびりとした雰囲気を漂わせている。踏切廃止は時の流れでやむをえないだろうが、今のうちに貴重なこの踏切を訪れてみることを勧めたい。

蒸気機関車をあしらった「踏切あり」の標識が見られるのも、都内ではここくらいのものだ。営業運転では一度も蒸気機関車が通ったことのない第二中里踏切に蒸気機関車の標識という取り合わせも面白い。

2

なぜ山手線は明治神宮沿いを通っているのか？

山手線の列車はおよそ1時間で一周している。さぞ殺風景な都心を蜿々巡っているのだろうと考えがちだが、車窓から沿線を眺めていると実にさまざまな風景に出合えて見飽きない。たとえば原宿駅付近。駅ホームからは都心とは思えない明治神宮の深い森が覗いている。

なぜわざわざ明治神宮の神域ギリギリの位置に山手線は通っているのだろう。なぜもっと東側に離して路線を建設しなかったのか。

その疑問を解くためには、この区間の山手線が建設された明治18年（1885）前後まで時計の針を巻き戻す必要がある。このとき開業したのは品川〜赤羽間で、当時は品川線という名称。建設主体は政府ではなく、民間資本の日本鉄道《にほんてつどう》だった。すでに一部開業していた現在の東北本線も日本鉄道の路線で、この線は上野始発だったが、そこから新橋方面に向けて南に延びる鉄道は建設の目処が立っていなかった。人家が密集しており、途中には政府機関も多数あり、用地買収などの課題が山積していたのである。つまり当時の品川線の第一の目的は、新橋〜横浜間に開業していた官鉄線と連絡するための路線だったとい

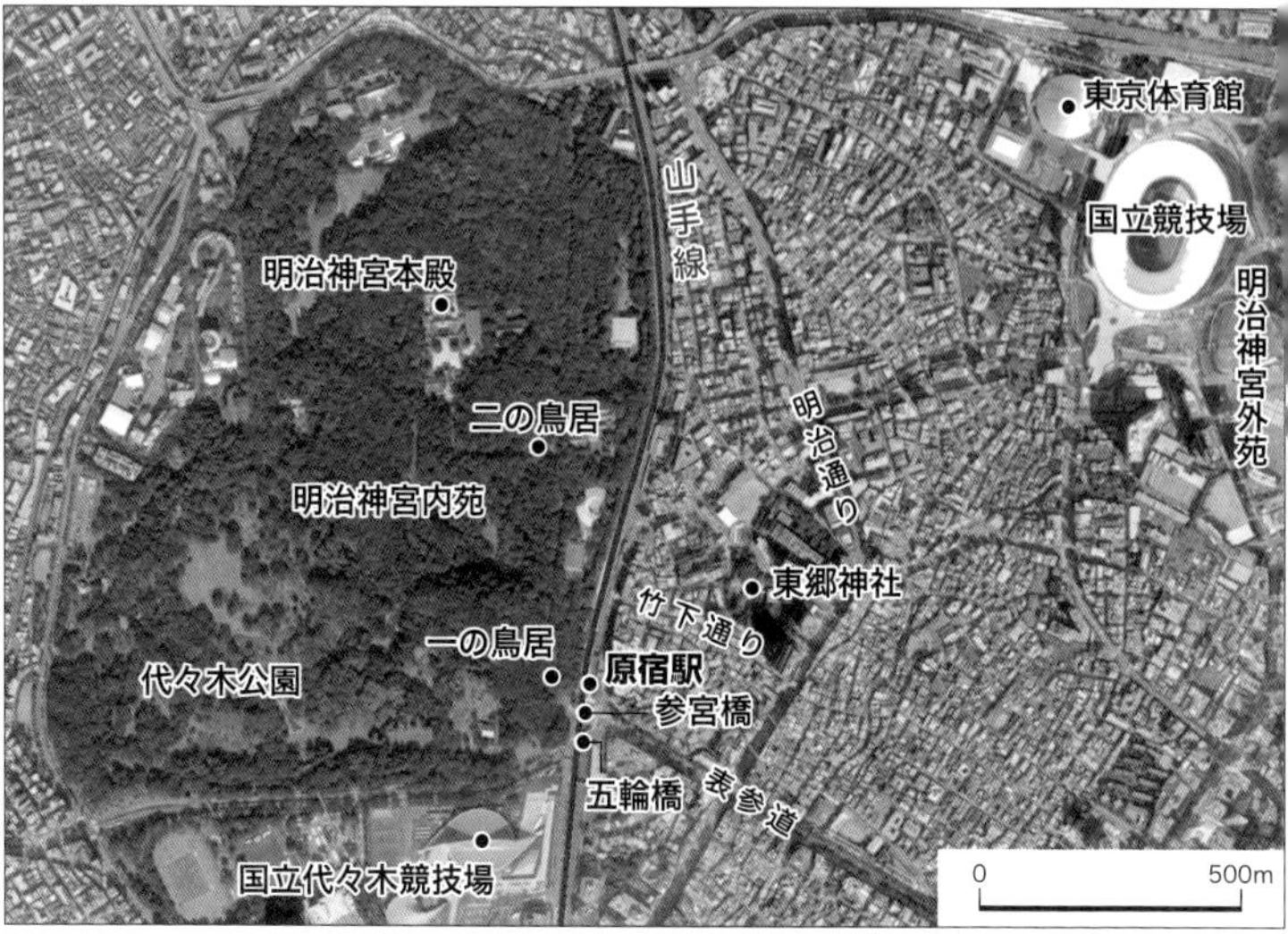

原宿駅付近の山手線は、明治神宮の東縁をなぞるように走っている。なぜこのような線形が誕生したのだろうか。「地理院地図」の空中写真に加筆。

えるだろう。

ところが新宿から渋谷にかけては多数の御料地《ごりょうち》（皇室用地）が設定されていた。特に新宿御苑《しんじゅくぎょえん》（もとは高遠《たかとお》藩主内藤《ないとう》家下屋敷《しもやしき》などの土地）の存在が大きかった。さらに停車場を甲州道中の宿場だった内藤新宿《ないとうしんじゅく》の繁華街からずらす必要があり、線路は宿場町の西の外れに設定された。そうなると渋谷方面への経路が限られる。もし新宿と渋谷を直線で結んだ場合、途中には広大な井伊《いい》家別邸（もとの彦根《ひこね》藩主井伊家下屋敷）が横たわっていたのだ。この屋敷地は買い上げられて御料地となる予定だった。実は明治神宮の内苑は明治の初めまで井伊家別邸だったのである。

もし鉄道が仮に渋谷を諦めて青山方面を

南下するとなると、今度は北海道開拓を担当した中央機関の開拓使《かいたくし》植物試験場だった渋谷御料地が立ちふさがる。

新宿~渋谷間の山手線の経路選択は、いわば針の穴を通すような状況だったのである。結果として、現在の経路を選択するほかなかったといえるだろう。明治17年（１８８４）に井伊家別邸の20万５９００余坪（約68万平米）が宮内省《くないしょう》に買収されて代々木《よよぎ》御料地となった直後、東端の土地２６００余坪（約８６００平米）が鉄道用地として分離、日本鉄道会社に売却された。これが現在の山手線用地なのである。

井伊家別邸だった代々木御料地は明治20年（１８８７）に郡名を冠した南豊島《みなみとしま》第七御料地と名を変え、明治45年（１９１２）に東京で開催予定だった日本大博覧会の博覧会用地として旧青山練兵場とともに白羽の矢が立つ。この博覧会は予算不足などを理由に明治44年（１９１１）に延期が決まり、「明治50年」（１９１７）に明治天皇即位50年記念の博覧会を開くことになった。だが、明治45年（１９１２）7月の天皇崩御で立ち消えになり、第一次世界大戦への参戦などで博覧会どころではなくなってしまう。

結局宙に浮いた博覧会用地は、南豊島第七御料地を内苑、旧青山練兵場を外苑として明治天皇を祭神とする明治神宮が創建されることになった。こうして今、原宿駅から眺めることのできる深い森が整備されていったのである。

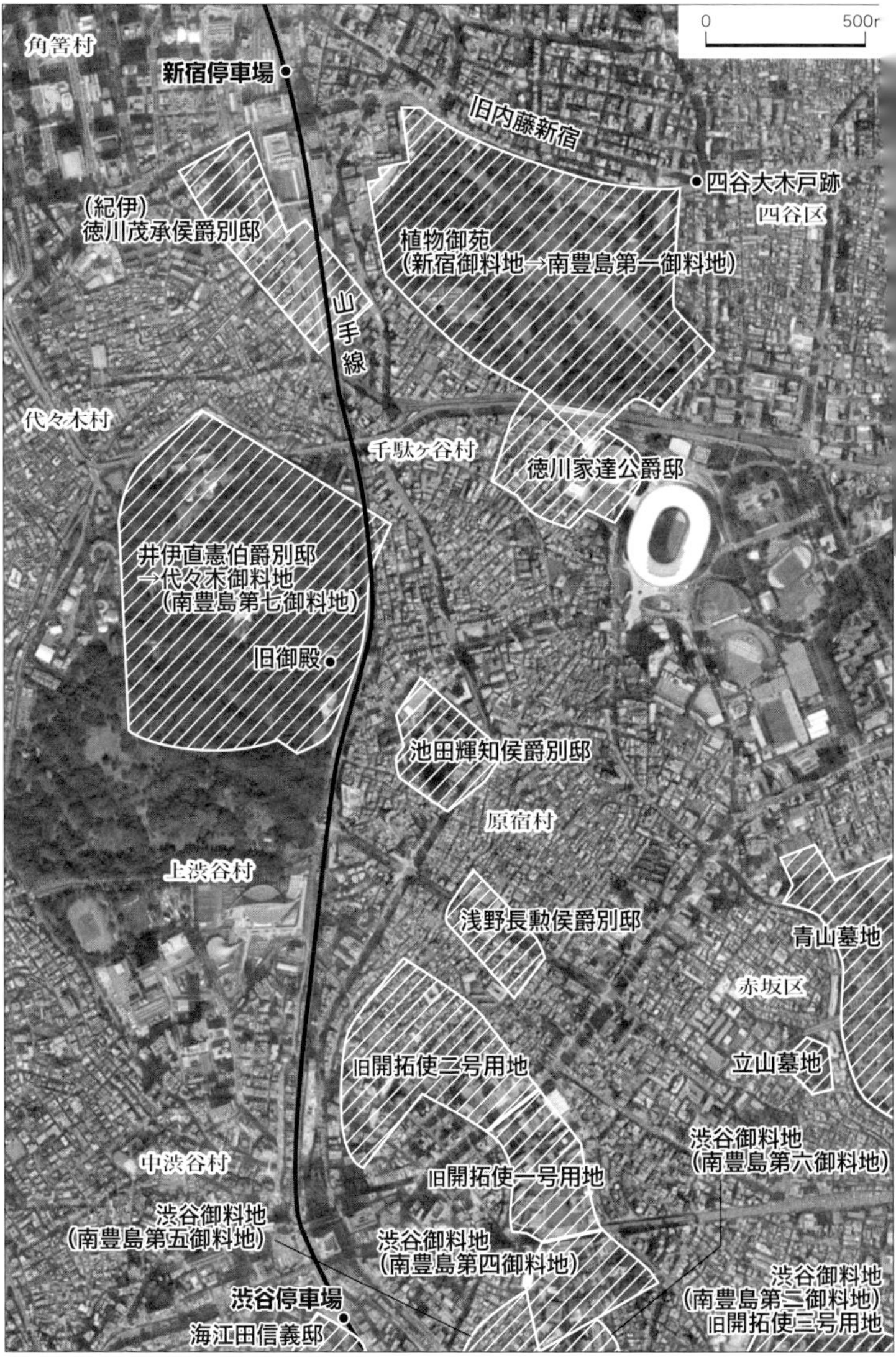

「地理院地図」の最新の空中写真に、明治10年代に存在した御料地や官有地などを加筆。区や村落の名称も当時のもの。山手線の経路選定に苦心したことがうかがえる。

3

なぜ渋谷駅の埼京線ホームは遠かったのか？

現在、渋谷駅の大改造が進んでいる。平成25年（2013）には東京メトロ副都心線との相互乗り入れ実現により東急東横線の渋谷駅が地下に移設され、渋谷駅を囲むように建っていた東急百貨店東横店の東館、西館、南館が解体。新たに渋谷スクランブルスクエアが建てられている。手狭だった埼京線《さいきょう》（湘南新宿ラインもここを通る）の新しいホームが建設され、令和2年（2020）に供用が開始された。

ところで以前の埼京線ホームを憶えているだろうか。山手線ホームの南300メートル以上離れた位置にぽつんと存在していた。渡り廊下のような通路を通らなければたどり着けず、ほかのJR線とは完全に孤立していた。「南渋谷駅」と揶揄する異名さえあった。

なぜこのような不便な配置になったのだろう。

渋谷はもともと大山《おおやま》街道沿いの町として繁栄してきた。大山街道とは、江戸をはじめ関東各地の人々の信仰を集めた相模《さがみ》（神奈川県中西部の旧国名）の大山詣でに向かう街道である。タバコ、生糸、炭といった相模の産物を江戸に送る街道としても重要だった。

鉄道開業前から集落のあった渋谷だが、最初の渋谷停車場は、大山街道沿いの繁華な場

東急東横線の渋谷駅が地上にあった平成21年(2009)に撮影された空中写真に加筆。埼京線ホームが山手線とはずいぶん離れた位置に設置されていたことがわかる。

所から３００メートル以上南に離れた場所に開設された。真偽のほどは定かでないが、鉄道創業期を知る古老の興味深い話が伝わっている。最初、渋谷停車場は下渋谷村《しもしぶやむら》（現在の渋谷駅より恵比寿《えびす》駅に近い位置）に建設しようとしたのだが、沿線住民の反対で不可能となり、しかも大山街道沿いの住民からも反対され、結局当初より少し北の中渋谷村《なかしぶやむら》に開設することを余儀なくされたという（『渋谷駅１００年史』による）。

明治38年（１９０５）から42年（１９０９）にかけ、山手線は複線化され、大正３年（１９１４）には客車運転が終了。貨物列車は蒸気機関車が受け持つ一方、旅客列車は全面的に電車化された。次いで山手線の複々線化、すなわち電車線と貨物線の分離工事に着手され、渋谷駅付近では大正９年（１９２０）前後に完了。この時期に渋谷駅は現位置に移転し、旧来のホームや駅設備は貨物専用となった。

平成８年（１９９６）に新装なった埼京線ホームが離れて設置されたのは、既存の渋谷駅にホームを新設する余裕がなく、もとの貨物取扱所、つまり最初の渋谷停車場だった敷地を活用してホームを敷設したためである。

やがて東急東横線が地下化されると、東横線の渋谷駅だった用地の一部を利用してＪＲ線ホームが拡張された。埼京線ホームがほかのＪＲ線ホームと並ぶことが可能になったのは、鉄道会社の垣根を超えた渋谷駅再開発のおかげだったといえるだろう。

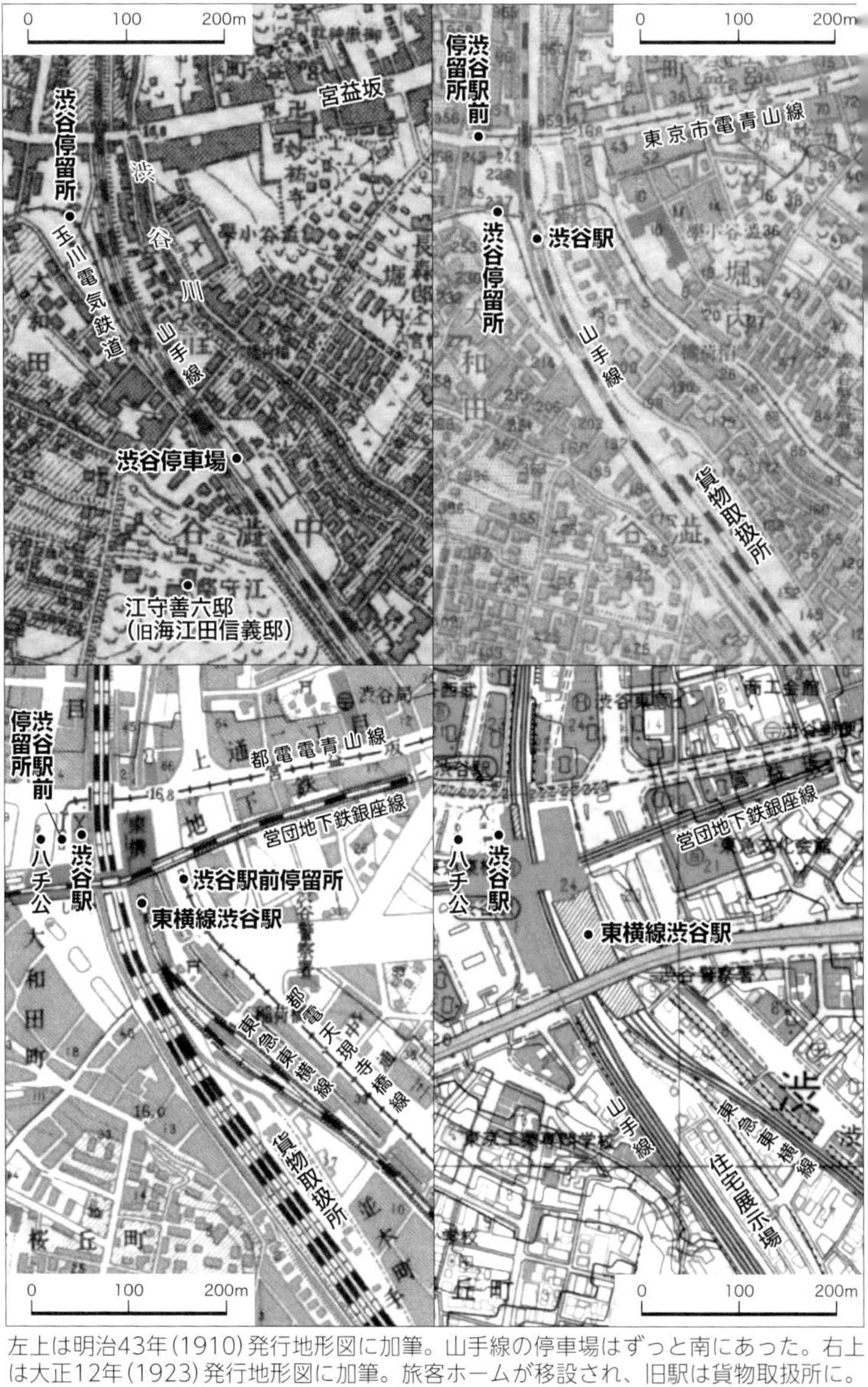

左上は明治43年（1910）発行地形図に加筆。山手線の停車場はずっと南にあった。右上は大正12年（1923）発行地形図に加筆。旅客ホームが移設され、旧駅は貨物取扱所に。左下は昭和33年（1958）発行地形図に加筆。右下は平成元年（1989）発行地形図に加筆。昭和55年（1980）に貨物取り扱いが廃止され、跡地は翌年から住宅展示場になった。4点とも「東京時層地図」より。

4

なぜ新宿駅構内に中央線の駅が二つあったのか？

まずは左ページの地図を見ていただこう。この地図が発行されたのは大正時代だが、新宿駅構内の左側の同一路線上に南北二つの停車場を示す長方形の印がついているのがわかるだろうか。実はこの路線は中央線で、新宿駅には二つの「中央線駅」が存在したのである。その理由を知るには、新宿駅の成り立ちを理解する必要がある。

新宿停車場が開設されたのは、明治18年（1885）3月1日。日本鉄道品川線（品川〜赤羽《あかばね》。現在の山手線と埼京線の一部）の途中駅だった。

初代の駅舎は現在の東口（ルミネエスト新宿）付近に開設された。倉庫を思わせる小さな木造駅舎で改札は1ヶ所のみ。駅舎脇にプラットホームを配置した簡素な構造だった。

明治22年（1889）4月、甲武《こうぶ》鉄道という別の鉄道会社が新宿〜立川《たちかわ》間（現在の中央線の一部）を開業。甲武鉄道の列車が品川線の線路の西側に乗り入れてくる。当時、甲武鉄道は日本鉄道の子会社だった。

この時から新宿は乗換駅および始発駅となった。明治27年（1894）には甲武鉄道線の新宿〜牛込《うしごめ》（現在の飯田橋《いいだばし》駅ホーム付近にあった）間が開業、翌年には飯田町《いいだまち》まで延伸する。

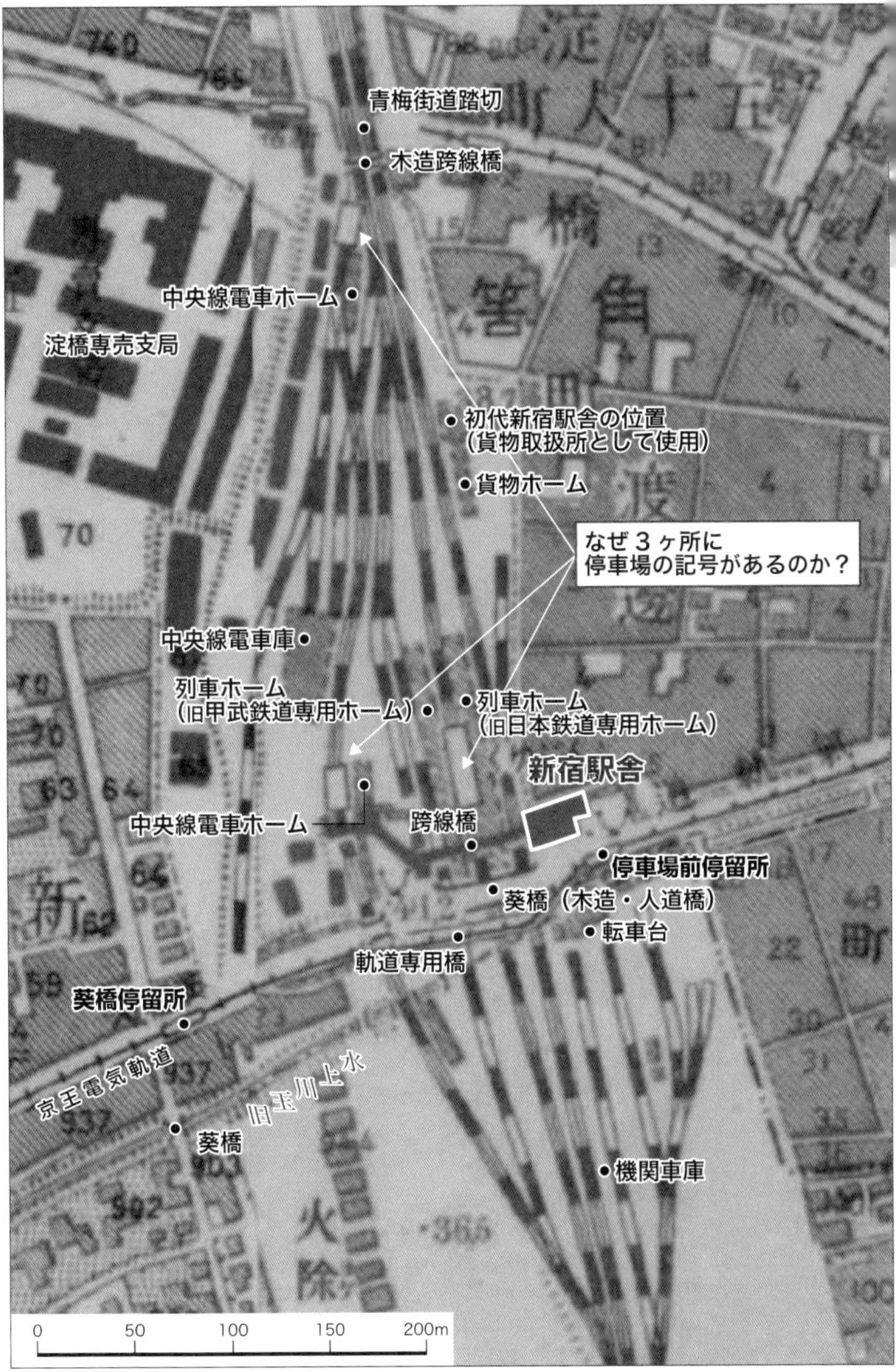

大正時代の新宿駅付近。大正12年（1923）発行の地形図に加筆。「東京時層地図」より。

新宿駅構内を走る山手線の電車を北から撮影。右側が中央線の青梅口乗降場。左端は貨物取扱所となった初代駅舎。左奥に遠く見えるのが2代目駅舎。大正3年（1914）の撮影。

甲武鉄道線を品川線の西側に配置した関係で、新規開業区間は新宿の南で品川線の線路を跨ぐ構造となった。日露戦争中の明治37年（1904）8月には飯田町～中野間の電車運転が開始。それまでの新宿停車場の西側に、甲武鉄道の電車線と電車庫が設けられた。

停車場の改良工事は、日露戦争中の工事中断で遅延したが、明治39年（1906）3月1日に竣工。甲州街道の陸橋の東側に2代目の駅舎が設けられた。現在の新宿駅東南口（南口東側）前の広場付近である。

新駅舎が構内の南東の縁に建設されたため、甲武鉄道（現在の中央線）の電車は、翌3月2日から、甲州《こうしゅう》口《ぐち》（正式名は新宿甲州街道電車乗降場）と青梅口《おうめぐち》（正式名は新宿青梅街道電車乗降場）の2ヶ所に停車して客扱いを行なうようになった。同一線路上に停車場の印が2ヶ所についているのはそのためである。

当時の中央線電車が1両だけ（中央線電車が2両にな

当時の中央線の電車は、甲州口と青梅口の2ヶ所のホームに停車していた。なお、大正8年(1919) 3月1日から大正14年(1925) 4月24日までの約6年間、山手線と中央線の電車は、中野〜新宿〜御茶ノ水〜東京〜品川〜渋谷〜新宿〜池袋〜田端〜上野の経路で直通運転をおこなっていた。大正12年(1923)発行の地形図に加筆。「東京時層地図」より。

るのは大正9年(1920)4月以降)だったから実現できたのだ。二つのホームの距離は250メートル程度しかなかったから、現在の中央線の列車であればほぼ届いてしまう距離である。

なお、構内2ヶ所に停車するのは甲武鉄道線のみで、日本鉄道の山手線の電車は駅舎のあった甲州口にのみ停車した。

甲州口ホームと青梅口ホームが中間付近の新ホーム1ヶ所に集約されたのは大正13年(1924)7月13日。翌年4月の新駅舎完成を控えてのことだろうが、3代目の駅舎が初代と同位置に建設されたため、わざわざ南北2ヶ所に停車する必然性が消えたのである。

5

なぜ新宿駅前に巨大な浄水場があったのか？

新宿駅が開業する前、停車場の西側には、津守山《つのかみやま》と呼ばれた原っぱが広がっていた。ここは尾張徳川家の分家である美濃高須《みのたかす》藩主松平家の下屋敷があった場所で、「魁翠園《かいすいえん》」という広大な庭園で知られていた。津守山の「津守」とは、美濃高須藩主の極官《きょっかん》（昇進できる最高位の官職）が摂津守《せっつのかみ》だったことに由来していたが、明治維新後は荒れ果て、庭園の築山などは子供たちの格好の遊び場になっていた。

鉄道が開通して十数年が経った明治30年（1897）でさえ、新宿駅付近でキツネが列車に轢かれた記録があるから、その寂れぶりは想像できる。津守山にもキツネやタヌキが生息していたのだろう。

ところが明治後期になると、津守山のあった青梅口周辺が発展していく。きっかけとなったのが明治31年（1898）の淀橋浄水場の開設である。

徳川幕府が支配していた江戸では、玉川上水《たまがわじょうすい》と神田《かんだ》上水が江戸市中の水道として機能していた。だが、明治維新後は管理がおろそかになり、水道管に用いた木管の交換が行なわれなくなったこともあって木管の腐朽が進む。生活排水や屎尿の混入で水質が急速に悪

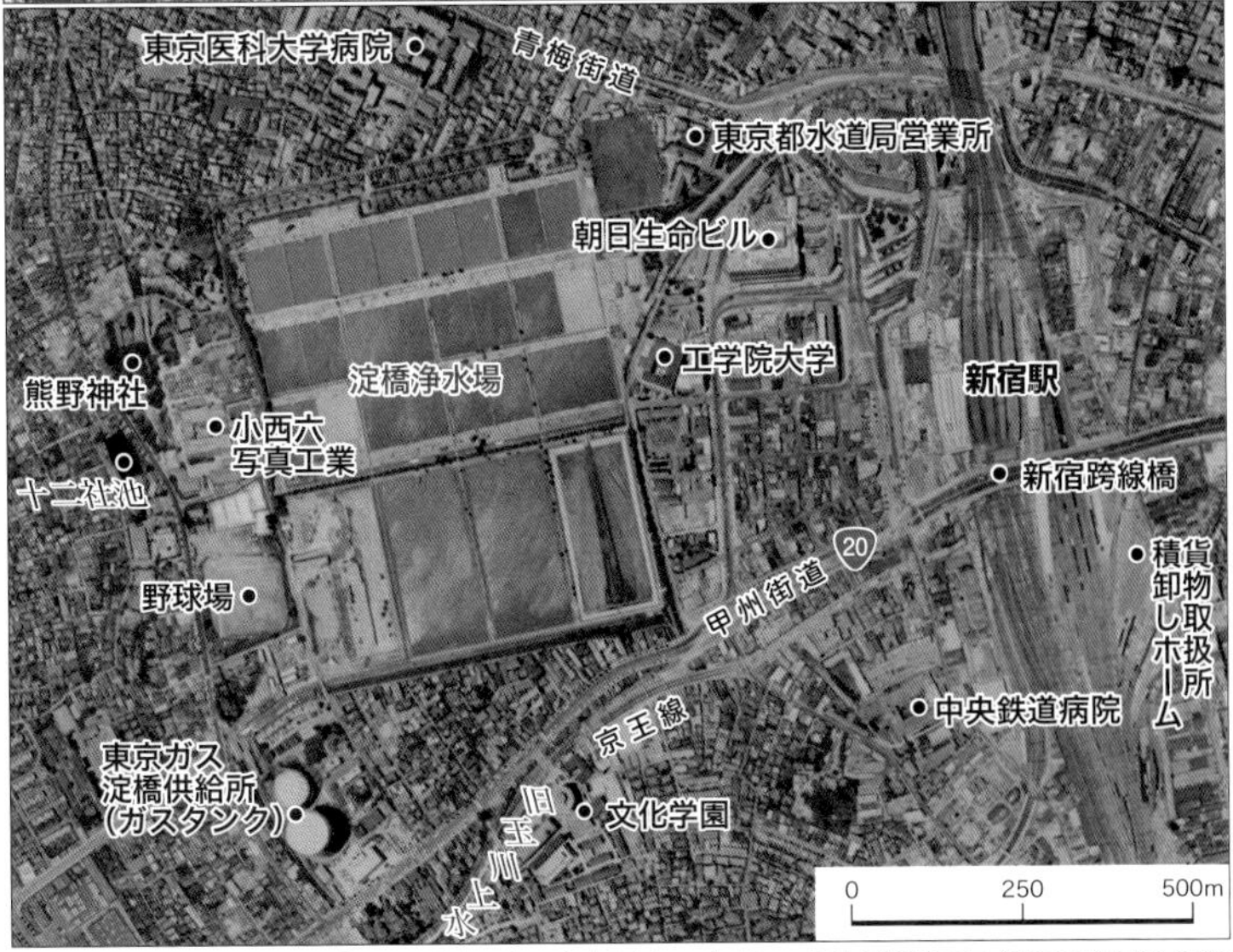

上は現在の新宿副都心。「地理院地図」の空中写真に加筆。下は昭和38年(1963)撮影の空中写真に加筆。新宿駅西口の至近距離に淀橋浄水場があった。

化していき、コレラなどの伝染病蔓延の原因となった。

こうした事実を関係者が知らなかったはずはなく、近代水道に関する調査も実施されていた。だが、莫大な費用が壁となって計画は進展しない。ところが明治19年（1886）、コレラの大流行により、行政も近代水道事業に重い腰を上げざるをえなくなった。その影響の大きさは、宮城《きゅうじょう》（現在の皇居）で使用する上水でもあった玉川上水の水源管理問題が一因で、三多摩《さんたま》地域（北多摩・西多摩・南多摩の三郡）が明治26年（1893）に神奈川県から東京府に移管されるきっかけとなったことでも理解されよう。

都心に配水する浄水場の設置場所は、玉川上水南側、千駄ケ谷村《せんだがやむら》にあった徳川（紀伊）侯爵家別邸（明治維新までは宇都宮藩主戸田《とだ》家下屋敷。現在JR東京中央病院や新宿マインズタワーがある新宿駅南西一帯）が有力だったが、土盛りなど大規模な土木工事が必要なことが判明。配水に有利な高台や強固な地盤といった点が決め手となり、新宿停車場の西側の淀橋町《よどばしまち》に明治31年（1898）12月、淀橋浄水場が完成した。

浄水場が鉄道線の至近に設けられたのは、浄水場送水ポンプの動力が蒸気だったことも大きかった。蒸気ポンプを動かすボイラーにくべる大量の石炭を供給するため、鉄道沿線に立地する必要があったのだ。こうして大久保停車場から淀橋浄水場までの引込線が敷設され、石炭を満載した貨車が往来することになる。当時の地図には浄水場構内に引込線が

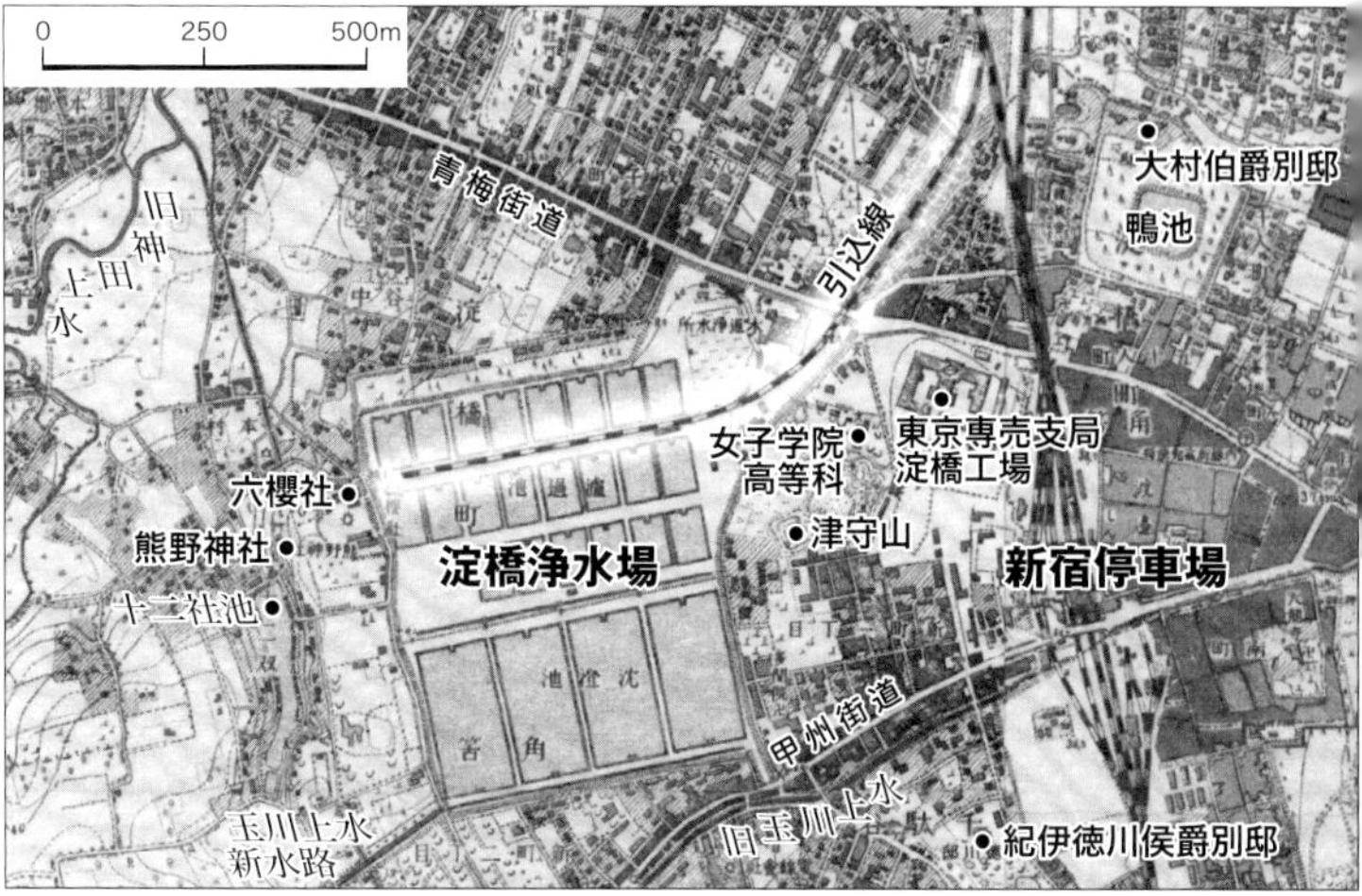

明治43年（1910）発行地形図に加筆。現在の西口付近には、淀橋浄水場のほか、煙草を製造する東京地方専売局淀橋工場が操業していた。「東京時層地図」より。

延びているが、動力の石炭を搬入するために不可欠な線路だったことがわかる。

東京の市民に昼夜を問わず新鮮な水を供給しつづけた淀橋浄水場だが、新宿の発展とともに周囲は市街化。浄水場が新宿西口の発展を阻害しているとみなされ、また、駅近くの一等地に浄水場の存在が許される時代ではなくなっていた。

郊外の東村山《ひがしむらやま》浄水場に上水道の処理機能を移転し、開設から67年後の昭和40年（1965）3月をもって淀橋浄水場は完全に廃止された。広大な跡地は西新宿の高層ビル群となって現在にいたっている。

新宿副都心の立体的構造は、かつての淀橋浄水場の地上面と濾過池の底面をそのまま利用したものである。

6

なぜ中央線は新宿御苑沿いを通っているのか？

新宿から市ケ谷《いちがや》方面に向かう中央線は、新宿御苑をぐるりと取り巻くように通っている。当然だろうと思うかもしれないが、地図を見てほしい。大きく南に迂回しているのだ。

なぜ一直線に線路を敷かなかったのだろう。都営地下鉄新宿線は新宿から真東の経路で市ヶ谷まで結んでいるじゃないか。明治時代、現在の中央線を建設しようとした甲武鉄道の幹部もおそらくそう考えた。新宿から折り返して現在の歌舞伎町《かぶきちょう》の裏あたりを通り、そこから靖国通《やすくにどお》りにほぼ沿うかたちで市ヶ谷に至る。一部は用地買収まで始めていたというから、この経路に本気で取り組んでいたことがうかがえる。

ところが、鉄道に軍事輸送の未来を見いだした陸軍が横槍を入れた。一説には次のような話が伝わっている。明治23年（1890）6月、新宿から真東に直線で結ぶ経路（「北線」）案で新宿～三崎町《みさきちょう》（現在の水道橋駅付近）の本免許下付を願い出た甲武鉄道の重役の雨宮敬次郎《あめみやけいじろう》（甲州財閥を率いた有力実業家）のもとを参謀次長《さんぼうじちょう》の川上操六《かわかみそうろく》（軍事作戦立案の実質的トップ。陸軍の頭脳ともいえる存在）が訪ね、「東京には軍事停車場がないため苦しんでいる。青山練兵場から新宿へ出るようにすれば、陸軍省は保護するがどうか」と申し出た。それに対し

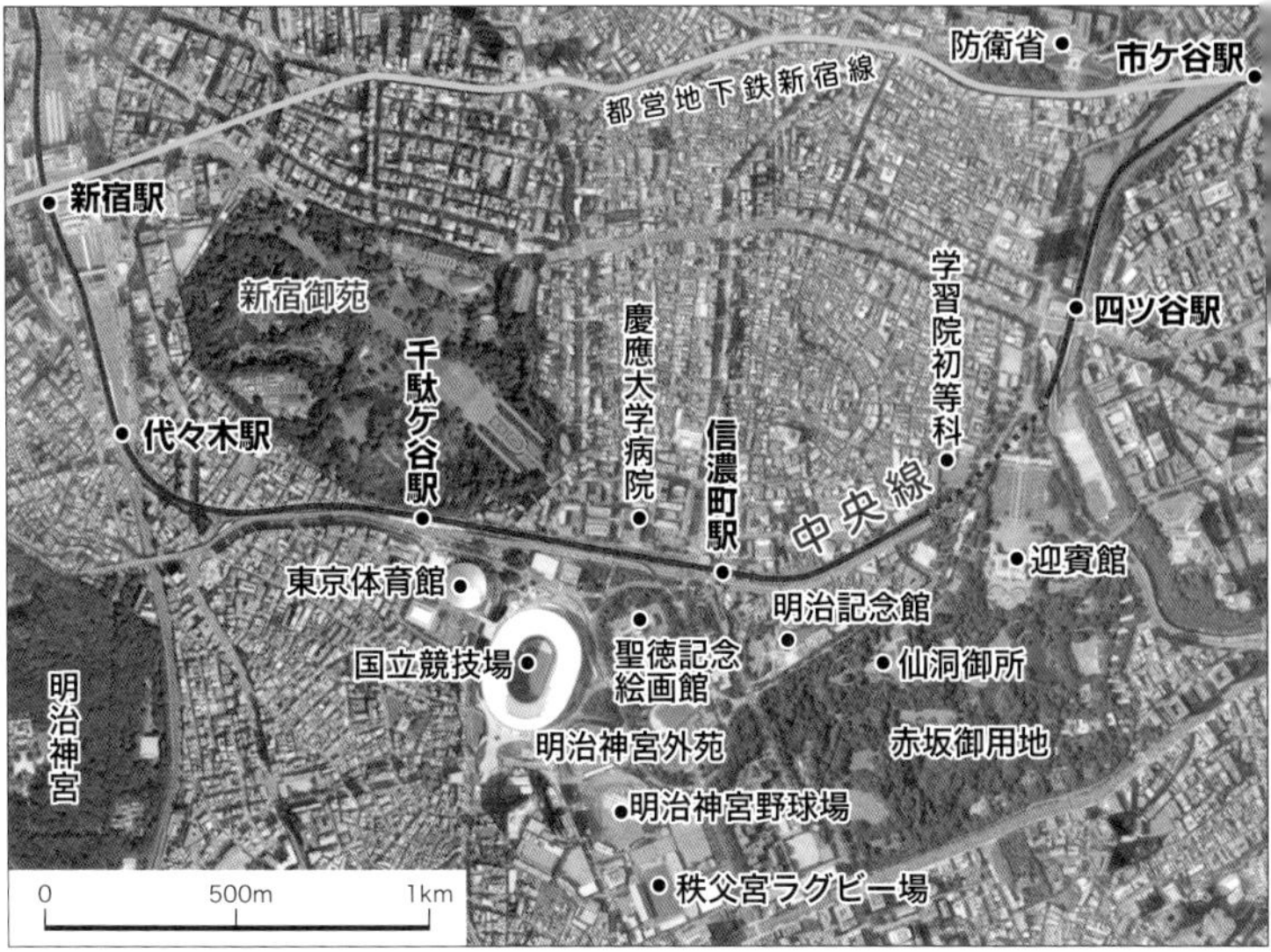

中央線の線形が新宿駅から市ケ谷駅にかけて大きく南にうねっているのはなぜなのか。都営地下鉄新宿線と比較すると歴然とする。「地理院地図」の空中写真に加筆。

て雨宮は「乗客も見込めない青山経由の経路は、陸軍が金を出すというのならともかく、会社としては認めがたい」と拒否。結局、測量してから判断を下すとして互いに譲らなかったというのである。

　ところが、開通後の明治29年（1896）に甲武鉄道の関係者がまとめた『甲武鉄道市街線紀要』という書物によれば、「四谷《よつや》通り（甲州街道）南側の『南線』（現在の中央線の経路）を調査したところ、経費は『北線』（当初案。都営地下鉄新宿線と似た経路）よりもいくぶん増えるものの、将来最も有望な線路であることが判明。通過する青山練兵場に軍用停車場を設置するならば、利便が大きいし、陸軍高官も大いに賛同した」といった意味の記述がある。いかにも不自然で、むしろかえって陸軍側の圧力を感じさせる。

すでに明治22年（1889）に新宿～三崎町《みさきちょう》間の仮免許が下りていたので、明治24年（1891）12月に南線の実測に着手した。この時点で、新宿御苑の鴨猟池に近接していることに対し宮内省主猟局から異論が上がり、青山練兵場付近を通ることに関しては、管轄する陸軍の第一師団から異議が生じた。赤坂離宮付近の通過に関しては宮内省に拝借願を提出したが、この鉄道線の軍事上の利害について天皇が参謀本部に下問したと伝わる。川上操六の意図はともかく、新宿御苑、青山練兵場、赤坂離宮を串刺しにするような鉄道構想は、当時の人々にとって驚天動地の大事件だったのだろう。

実測作業がほぼ終了し、明治25年（1892）3月に北線から南線への線路一部変更願を内務省に提出。9月、陸軍省から以下の6ヶ条を提示される。曰く、軍隊の出入りに不便になることから大番町《おおばんちょう》停車場を移動すべきこと（当初は信濃町《しなのまち》ではなく、その約400メートル西側の大番町に停車場開設を計画したが、線路の両側が軍用地だった）、四谷停車場は濠の中にあたり、要塞地の効力を減殺してしまうため、なるべく濠幅を減らさない設計にすること、四谷見附《みつけ》と市谷《いちがや》見附の中間の線路が濠側にはみ出せば濠幅が減少してしまうため、トンネル建設で防止すること、青山練兵場は狭く、軍隊の教練に支障となるため、1420坪以上の交換地を提供すべきこと、飯田町《いいだまち》砲兵工科学舎の移転料を負担すべきこと、馬術練習

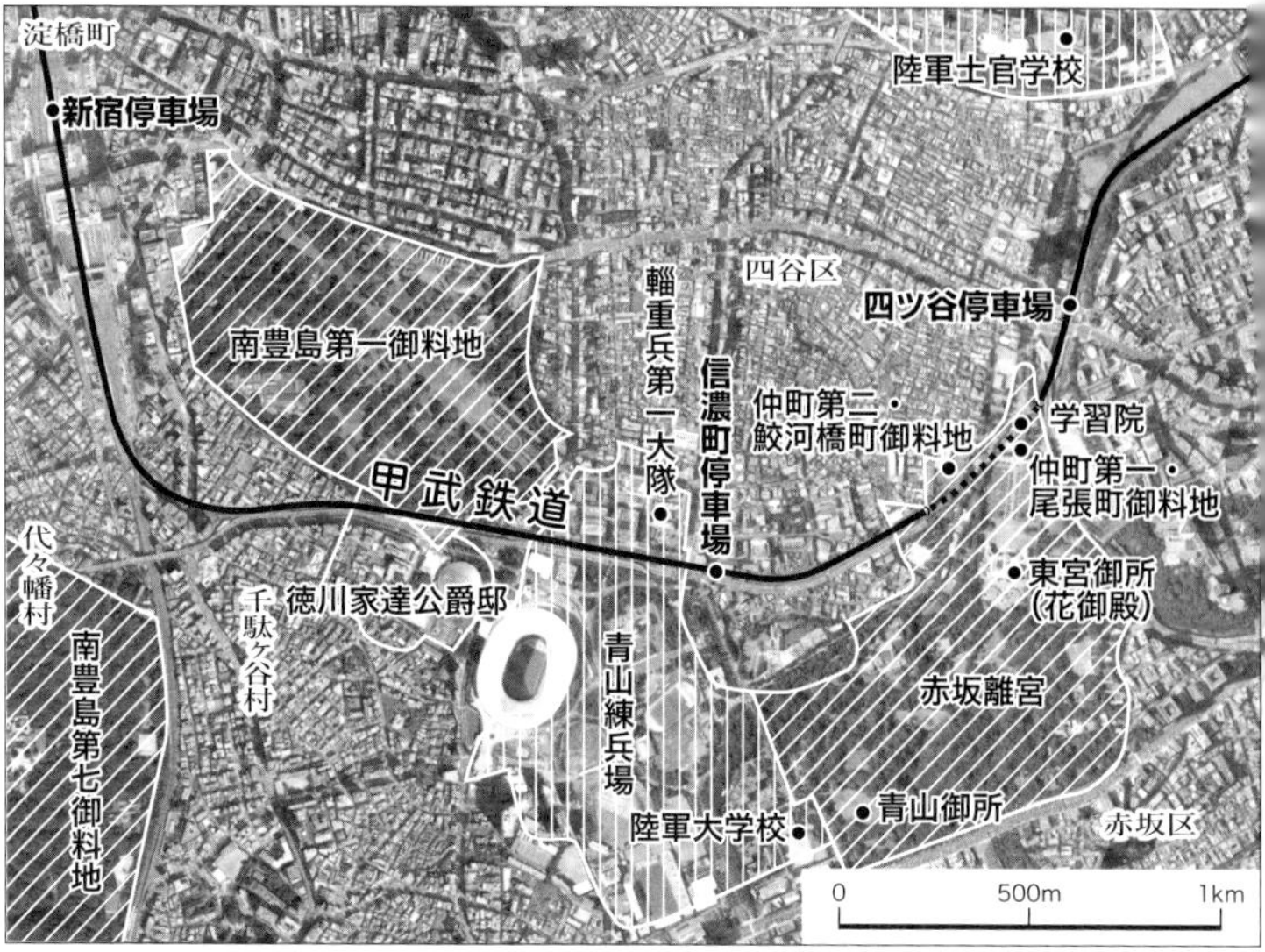

「地理院地図」の空中写真に明治20年代の御料地や官有地などを記載。区や村落の名称も当時のもの。甲武鉄道が青山練兵場付近を通過していることがわかる。

場が借用の既得権を有するため、示談すべきこと。これらについて、陸軍省と宮内省御料局の承認を得たが、今度は東京の都市計画を担当する内務省の市区改正委員会から4条件が提示される。まず、市区改正の道路（のちの都市計画道路に相当）と関連して、敷設に支障のあるものは会社の費用で改築すること、次に牛込見附付近の線路は設計道路（都市計画道路）を横切り交通上妨害となるおそれがあるので敷設の位置を変更すること、さらに四谷門から市谷門までの土堤の突出部は掘削をやめてトンネルを掘ること、最後に、堤上の樹木はなるべく伐採しないこと。甲武鉄道は、それらの要望の遵守を確約した。さらには、新宿御苑にあった華族養蚕室《かぞくようさんしつ》の移転費用の補償や赤坂離

明治17年（1884）ごろ作成された地図に甲武鉄道の予定線や御料地を加筆。鉄道が御料地を縦断することが理解できる。「東京時層地図」より。

宮に隣接した近衛局《このえきょく》（天皇を警護する近衛諸兵の司令部）の建物移転費用なども負担している。御所《ごしょ》トンネルを開削工法（地上から地盤を掘り下げて地下にトンネルを構築。その後土砂を埋め戻して復旧）で工事するため、トンネル上の建物を撤去する必要があったからである。仲町《なかちょう》第二御料地（現在の学習院初等科の校地の東半分）には学習院附属運動場と植物園があったが、学習院附属運動場の鉄道通過部分（606坪）の買収並びに学習院附属植物園の移転と周辺道路の付け替え工事が発生した。さらに工事開始にあたっては、学習院に影響のないよう、工法などについて14ヶ条のこまごまとした取り決めを結ばされるほどだった。

千駄ケ谷駅は新宿御苑と接しているが、千駄ケ谷駅付近はもともと新宿御苑の一部だった。千駄ケ谷駅のホームから撮影。

内務大臣の諮問《しもん》機関である「鉄道会議」は、鉄道路線決定に関して絶大な権限を保持しており、会議の議長が陸軍の川上操六だった。鉄道会議を構成する議員にも軍関係者が多数いた。路線決定の成否を左右する川上操六ににらまれては、船出して間もない民間会社は何もできないに等しかった。だが逆に、川上操六に命じられた「南線」経路で申請しておけば、すんなり鉄道会議に通ると甲武鉄道の幹部が考えてもおかしくない。

ところが川上操六が誘導した南線案が、明治25年（1890）12月15日の鉄道会議で「延期」と決まってしまう。鉄道会議に参加する議員のひとりに、強硬な鉄道国有論者で都心への民間鉄道敷設を批判する陸軍出身の谷干城《たにたてき》（西南戦争の際、熊本籠城で名を挙げた陸軍軍人。陸軍を退いたあと、政界に進出。軍や政界、世論への影響力を保持していた）がいて、反対の論陣を張り、議論が紛糾したためである。結論は持ち越しとなり、「許可」でも「不許可」でもなく「延期」となった。これは、なんとか建設する方向にもっていきたい川上操六の意向がにじみ出た苦肉の策といえるだろう。

鉄道会議で本免許が延期とされた直後の12月17日、甲武鉄道は所管の逓信大臣宛に陳情書を提出した。その文面には、「北線」で準備を進めていたところが、「甲武線は軍用鉄道に必要である」と示唆されために「南線」に変更したことを強く匂わせている。軍の指図どおりに要請をすべて受け入れて動いたのに認可しないとはどういう了見かと暴露したのだ。さらに、このまま延期されたのでは資金が尽きかねない会社の窮状を切々と訴えている。いわば捨て身の「直訴」だった。

この問題に関しては、年が明けた明治26年（1891）正月の鉄道会議でもまとまらず、特別委員を任命して報告書を作成したうえであらためて議論することになった。

再開された鉄道会議で新線敷設の本免許付与が決定したのは、明治26年（1893）3月1日である。明治22年（1889）の仮免許付与から4年が経過していた。

都心部の中央線は、こうしてようやく着工にこぎ着けたのである。

路線建設にあたって最大の懸案は、やはり皇室の御料地と陸軍用地への対処だった。ただ、それなりの見返りも少なくなかった。「飯田町陸軍御用地」７３６６坪と、「要塞《ようさい》」として陸軍が管理していた旧江戸城外濠の土手敷地1万２３６３坪・濠敷地７９７０坪は陸軍省から30年無料借用、また道路敷地１００坪も東京府から30年間無料借用できることになった。「四谷火除御料地」（正式名は鮫河橋《さめがはし》町《まち》御料地。赤坂離宮北西部の鮫河橋界隈は人家が密集しており、火災発生時に赤坂離宮に延焼する危険があるとして、明治19年〔１８８６〕に離宮隣接地一帯を防火用地として買収。更地になっていた）１２６３坪と「新宿御料地」（新宿御苑。明治20年〔１８８７〕に正式名を南豊島《みなみとしま》第一御料地に改称）１３４６坪は宮内省御料局（皇室財産の管理をしていた部署）から鉄道の営業期間中は無料借用できることになった。

千駄ケ谷《せんだがや》駅付近では中央線が新宿御苑に接している。この部分の鉄道用地は、宮内省御料局から無料借用を許されたかつての新宿御苑である。中央線が御苑を分断した証拠でもある。因みに開業当時の千駄ケ谷駅は現在より１００メートルほど東にあった。現位置に2代目駅舎が完成して移ったのは大正13年（１９２４）である。

想像を絶するほどの労苦を経て、ようやく中央線は完成していたのだ。鉄道路線の建設に関しては用地買収が常に障壁となるが、中央線の都心部建設に関しては、国家の中枢を揺るがす大問題だった。今後、中央線に乗車するときは心して乗りたいものである。

7

なぜ水道橋駅は東京ドームの目の前にあるのか？

東京ドームが開場したのは昭和63年（1988）3月である。東京の都心で、東京ドームシティほど交通の便のいい大規模施設も珍しい。両国国技館《りょうごくこくぎかん》と双璧だろう。現在の両国国技館がJR両国駅に近いのは、駅に隣接する国鉄用地（貨物駅用地跡を国鉄バス東京自動車営業所として使用していた）に建設したせいだ。では東京ドームはどうなのか。

東京ドームができる前、この土地には後楽園《こうらくえん》球場があった。さらに時代をさかのぼれば、東京ドームから中央大学後楽園キャンパスが連なる一帯は、陸軍の弾薬や銃器を製造する砲兵工廠《ほうへいこうしょう》の敷地だった。前身である火工所《かこうしょ》の創業が始まったのは明治4年（1871）である。明治維新までは水戸徳川家の上屋敷《かみやしき》で、約10万坪の広大な邸地の中央には天下の名園と謳われた後楽園があった。明治維新後、水戸徳川家はひきつづきこの屋敷に居住したいと政府に願い出たが許されなかった。御三家の尾張徳川家上屋敷が陸軍士官学校、紀伊徳川家上屋敷が赤坂離宮に転用されたのと比べ、軍需工場とはずいぶん開きがあるが、その理由は、邸内を神田上水が貫流していたからだった。火薬生産に必要な鉄製水車を回す動力として、豊富な水流が不可欠だったのだ。

明治17年(1884)ごろ作成された地図に甲武鉄道の予定線などを加筆。当初は砲兵工廠練兵場の跡地にターミナルを建設するつもりだった。「東京時層地図」より。

陸軍卿《りくぐんきょう》(大臣に相当)だった大山巌《おおやまいわお》は、砲兵工廠に鉄道を敷設したい考えがあった。最初、日本鉄道に打診したもののまとまらなかったようで、その意向を汲んだ甲武鉄道が、明治22年(1889)5月22日付で新宿〜三崎町《みさきちょう》の鉄道敷設を出願したのである。三崎町とは、現在の水道橋駅の南側一帯で、当時は砲兵工廠に付属する三崎町練兵場があり、そこをターミナル用地にしようと考えた。

この区間は、2ヶ月ほど後の7月13日に仮免許が下り、予定経路の実測が始まる。ところが明治23年(1890)6月、ターミナル用地として払い下げを請願していた陸軍用地が、丸ノ内の旧軍用地と併せて三菱の岩崎家に売却されてしまう。

甲武鉄道にとっては突然梯を外されたような〝事件〟だった（ただし甲武鉄道が停車場を設置する折は、岩崎家は甲武鉄道と協議する条件が契約書に課されていたらしい）。甲武鉄道は三崎町をあきらめ、今度は万世橋《まんせいばし》（秋葉原近くの神田川に架かっていた橋）まで線路を延長する仮免許を申請するとともに、砲兵工廠の土地の一部を工場として借用したいと請願している。

ところが砲兵工廠用地の貸与を受けたのは、甲武鉄道ではなく、鉄道局技師出身の平岡《ひらおか》凞《ひろし》だった。明治23年（1890）、鉄道局を退官した平岡は「平岡工場」という鉄道車両製造会社を創立しており、工廠の一部を借りて操業を開始したのである（明治29年〔1896〕3月いっぱいで工廠の土地を陸軍省に返納し、現在の錦糸町《きんしちょう》駅前に平岡工場を移転）。

二度も煮え湯を飲まされた甲武鉄道は、砲兵工科学舎のあった飯田町の陸軍用地を譲渡されることになった。砲兵工科学舎はこのあと砲兵工廠北西の高台（現在、中央大学後楽園キャンパスが立地するあたり）に移転し、明治29年（1896）に陸軍砲兵工科学校に発展。大正9年（1920）に陸軍工科学校と改称して終戦にいたる。

水道橋駅が開業したのは、明治39年（1906）9月。砲兵工廠の最寄り駅だった。砲兵工廠に通勤する労働者への便宜を図ったのだろう。三菱が開発した三崎町の旧陸軍用地は、煉瓦造の集合住宅が建てられ、労働者の街となっていた。明治29年（1897）には片山潜《かたやません》が自宅を改装して労働運動の拠点とするべくキングスレー館を設立している。

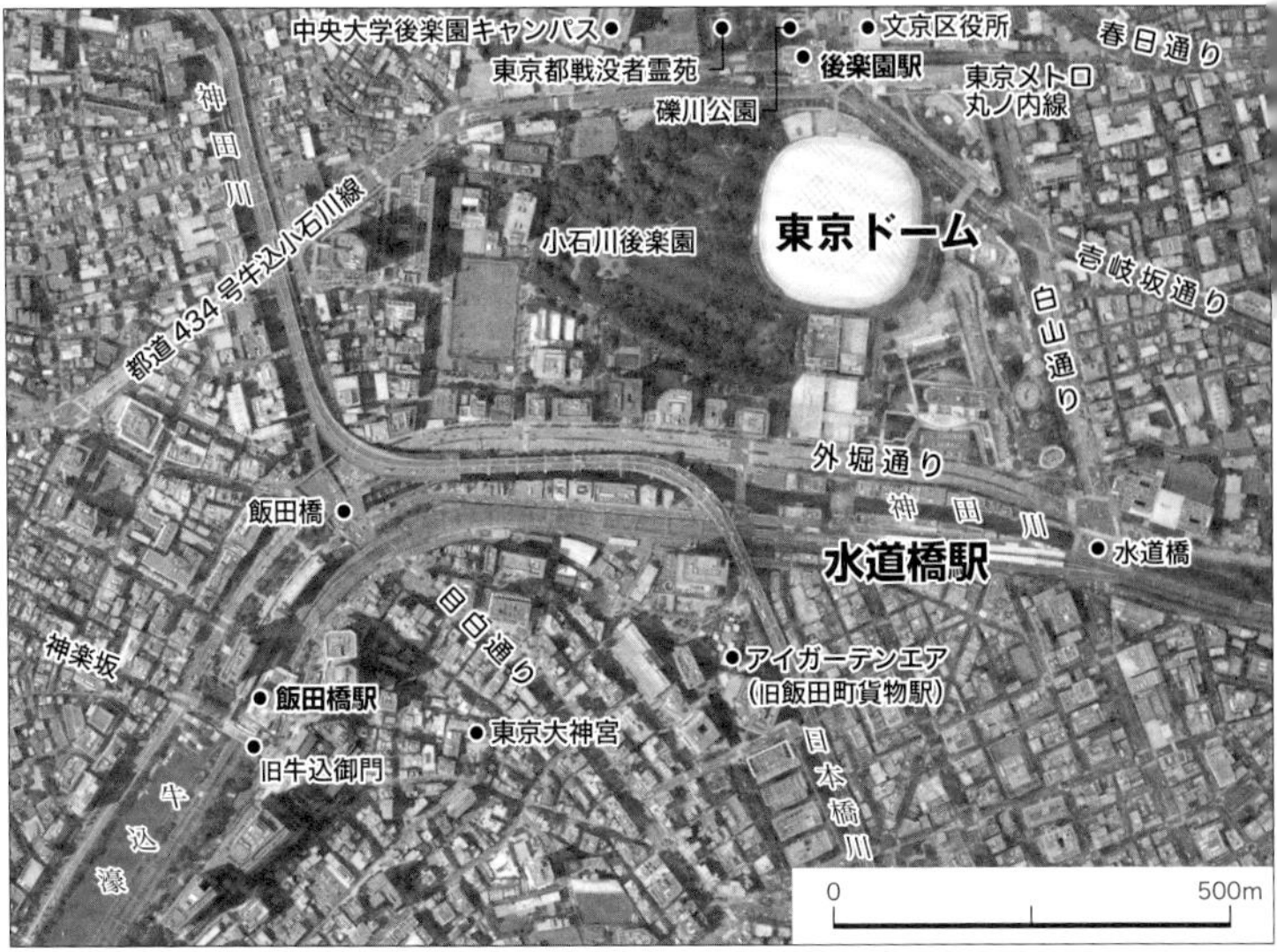

現在の水道橋付近。歴史の事情を知らないと、最初から中央線がお濠端を御茶ノ水方面に向かう計画だったかのように見えてしまう。「地理院地図」の空中写真に加筆。

関東大震災の被害は砲兵工廠においても甚大で、工廠機能が北九州の小倉《こくら》に移転する転機となった。移転後の昭和12年（1937）に建設されたのが後楽園球場だった。

開業当時の水道橋駅の改札は東口だけだった。西口が営業を始めるのは昭和2年（1927）ごろである。震災復興事業の一つとして神田川に後楽橋が架橋されたのと軌を一にしたのであろう。西口開設の翌年、牛込《うしごめ》駅と飯田町駅を統合するかたちで中間に飯田橋駅が開業する。水道橋駅西口の西隣に近接していた飯田町駅の旅客扱いは昭和8年（1933）には廃止された。

東京ドーム前に水道橋駅があるのは偶然ではなかったのだ。長年の互いに関連しあった歴史の結果だったといえるだろう。

8

なぜ秋葉原駅の目の前に万世橋駅があったのか？

神田《かんだ》〜秋葉原《あきはばら》〜御茶ノ水《おちゃのみず》の各駅を結ぶ線路はあたかも直角三角形のような形状になっている。それぞれの駅間距離は神田〜秋葉原が0・7キロ、御茶ノ水〜秋葉原が0・9キロ。最も長い神田〜御茶ノ水でも1・3キロしかない。地下鉄駅ならともかく、これほどの密度で駅と線路が結ばれているのは東京の都心でもここくらいのものだろう。左ページの写真が撮影されたのは平成21年（2009）だ。中央線の神田〜御茶ノ水の途中に交通博物館の建物が写り込んでいることに注目してほしい。交通博物館はかつての万世橋駅で、駅舎の基礎を利用して建てられていた。交通博物館、すなわち旧万世橋駅と秋葉原駅の直線距離は250メートルしかない。なぜこんな近い距離に駅が並び立っていたのか。

秋葉原駅が開業したのは、明治23年（1890）である。当初は「貨物取扱所」つまり貨物専用駅だった。当時、東北や北関東に路線を延ばしていた民間資本の日本鉄道の都心のターミナルは上野停車場だった。上野ひと駅だけで旅客も貨物もさばいていたのである。だが、東北や高崎方面からの列車輸送量が急増すると上野だけでは列車や貨物のやりくりがむつかしくなる。そこで日本鉄道が目をつけたのは、上野の南に広がる一角だった。上

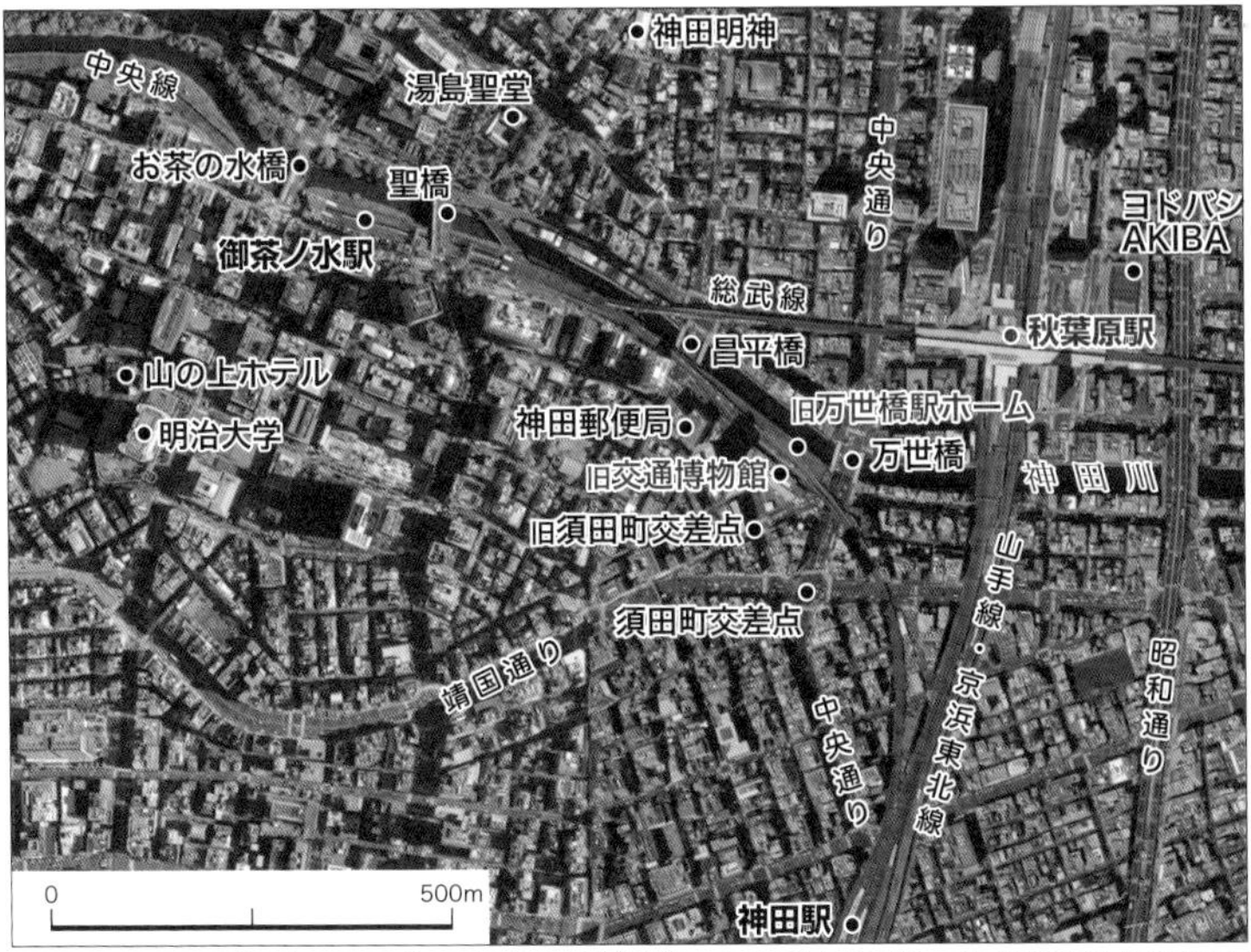

交通博物館の建物が残る平成21年（2009）撮影の空中写真（加筆）。秋葉原駅と旧万世橋駅の距離の近さに注目。

野の南の神田《かんだ》花岡町《はなおかちょう》には約1万坪の更地が広がっていた。そこを貨物駅用地にしようと考えたのである。上野の南から神田にかけては人家が密集していたのに、神田花岡町だけはなぜか更地だった。そこには理由があった。

明治維新から間もない明治2年（1869）12月、このあたりから出火した火災は一帯に密集する町家をなめつくした。翌年、火元周辺に約1万坪におよぶ広大な火除地《ひよけち》（延焼防止用地）が設けられたのである。火災前に居住していた住民には、小倉《こくら》藩主小笠原家中屋敷が代地として与えられた。旧地から500メートルほど北に離れた下谷《したや》御成道《おなりみち》（現在の中央通り）東側に面した土地である（現在の千代田区外神田5丁目）。

新たな火除地には、大火つづきだった東京の火伏《ひぶせ》を祈願し、皇城《こうじょう》（現在の皇居）にあった紅葉山《もみじやま》から鎮火三神（火産霊大神《ほむすびのおおかみ》〔火の神〕・水波能売神《みずはのめのかみ》〔水の神〕・埴山毘売神《はにやまひめのかみ》〔土の神〕）を勧請して、明治３年（１８７０）に鎮火社が創建された。ところが火伏の神といえば秋葉権現だろうと誤解した参詣者から、同地は秋葉原《あきばのはら》などと称されることになる。８ヶ町にまたがっていた火除地が神田花岡町と命名されたのは明治７年（１８７４）。草花がたくさん育てられていたことによるものらしい。

閑話休題。明治19年（１８８６）12月に日本鉄道は上野～神田佐久間町《かんださくまちょう》河岸《がし》（秋葉原付近）の貨物線建設を申請する。神田川から運河を建設して鉄道荷貨物の積み卸しを可能とする斬新な計画だった。だがこの計画に対し、周辺住民やその意向を背景とした東京市会が、地上を通る列車で交通が阻害されて不便になるとして建設に反対する。その後も市会は建設取り消し決議を行なうなど抵抗したが、鉄道を管轄する鉄道局長官の井上勝《いのうえまさる》は既定方針どおりの建設を答申。日本鉄道が将来の高架線建設を決議したことで市会も軟化し、明治23年（１８９０）11月、上野～秋葉原間１・９キロの貨物線が開通。密集地を貫く地上線だったため、途中の踏切は10ヶ所におよんだ。構内工事の遅れから、当初は貨車のみの扱いで、手荷物の荷さばきはひきつづき上野停車場で行なわれたが、明治26年（１８９３）に船溜りと神田川に直結する運河が開削され、秋葉原貨物取扱所が完成。隅田川や江

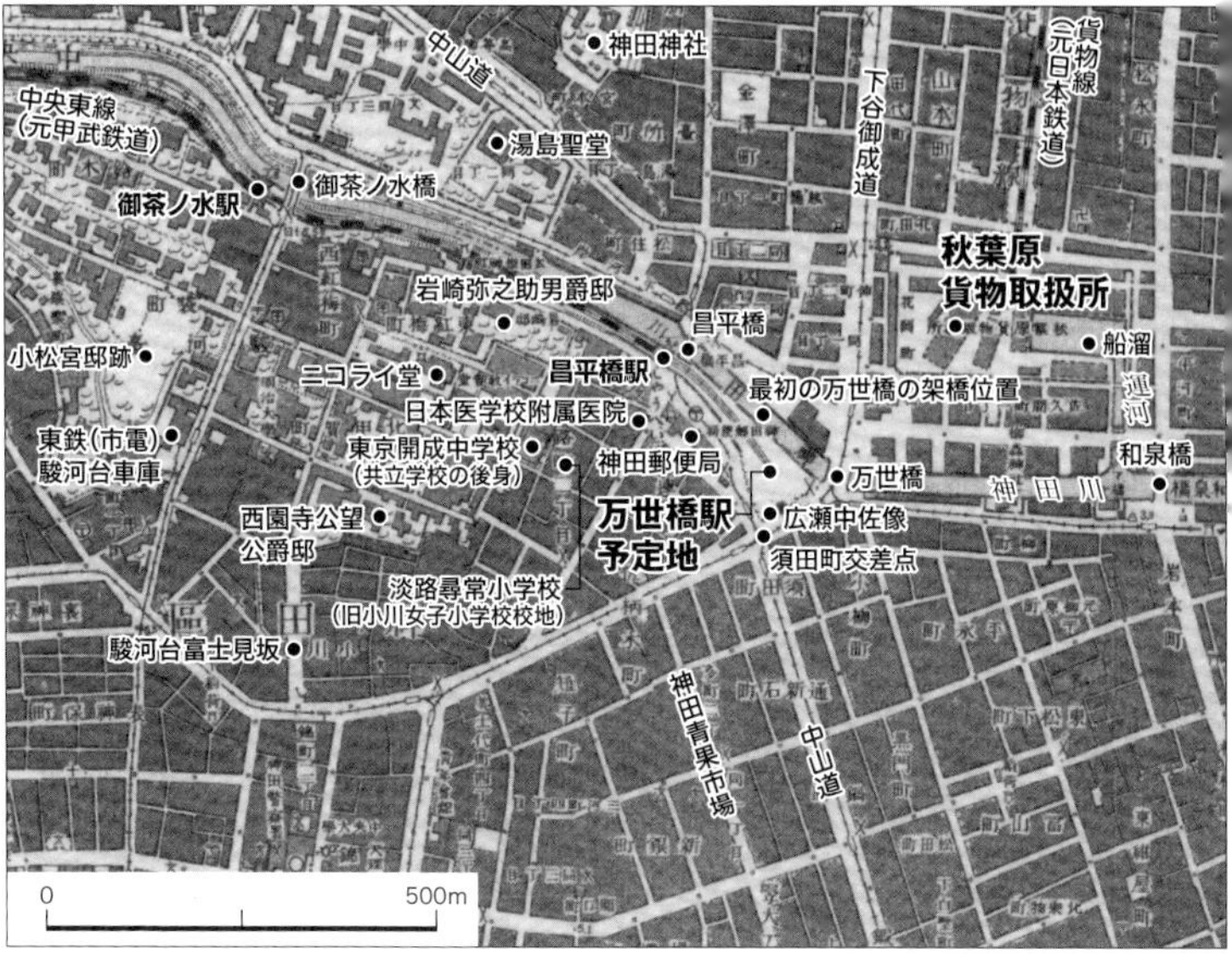

明治43年(1910)発行地形図に加筆。万世橋駅開業は明治45年(1912)、秋葉原駅の旅客営業開始は大正14年(1925)。旅客駅としては万世橋の方が先行。「東京時層地図」に加筆。

戸川などに直結する一大物流基地となり、1日6本の貨物列車が乗り入れた。

秋葉原の由来となった鎮火社は、貨物駅建設を控えた明治21年(1888)に下谷《したや》区入谷町《いりやまち》(現在の台東区松《まつ》が谷《や》3丁目)に遷座。昭和5年(1930)に社号を秋《あき》葉《ば》神社と変更している。

秋葉原駅が旅客扱いを始めるのは、大正14年(1925)である。日本鉄道は明治39年(1906)に国有化されため、東京～上野間の延伸・高架工事は、政府が引き継ぐことになった。だが、費用の面や人家の密集地ということで買収に手間取ったこともあり、なかなか着工に踏みきれない。ようやく準備が整った大正12年(1923)9月、関東大震災が発

した2枚を紹介。写真中央に映る万世倶楽部は、明治37年(1904)に私立日本医学校(日本医科大学の前身)の校舎として用いられ、明治43年(1910)に日本医学校が駒込に移転すると附属医院に改造された。『明治二十一年撮影　全東京展望写真帖』より。

生。用意していた資材や架設材などが震災の火災で焼失したため完成が危ぶまれたが、大正14年(1925)11月には東京〜上野間が電車線2線で結ばれた。

一方の万世橋駅である。前項で述べたように中央線を建設した甲武鉄道が当初ターミナルとして考えていたのは三崎町(現在の水道橋駅の南側)の旧軍用地だった。だが、それが叶わなくなり、新たな始発ターミナルとして探り当てたのが万世橋だった。

もともとここには筋違橋《すじかいばし》御門《ごもん》があり、周囲は火除地が広がり、「八《や》ツ小路《こうじ》」「八《や》辻小路《つじこうじ》」「八辻原《やつじがはら》」といった通称があった。中山道《なかせんどう》が本郷方面に向けて延び、上野東叡山《とうえいざん》(寛永寺《かんえいじ》)への下谷御成道もこ

明治21年（1888）ごろ、駿河台上に邸宅があった三菱の岩崎弥之助が、近所に建設中だった高さ35mのニコライ堂の建築足場から全方位を撮影させた。ニコライ堂付近の標高は約20mだから、撮影位置の高さは標高50mほどか。このうち秋葉原と須田町を撮影↗

の門を通るため、おのずと賑わう。付近の多町《たちょう》には「やっちゃ場《ば》」こと神田の青果市場が軒を連ねていた。

枡形を備えた立派な筋違橋門は明治5年（1872）に取り壊され、その石材を使って筋違橋は西洋風の石橋に架け替えられた。東京府知事だった旧幕臣の大《おお》久保《くぼ》一翁《いちおう》によって「万世橋《よろずよばし》」と命名されたが、万代橋とも書かれた。やがて「まんせいばし」という呼び方が定着する。漢字や読みの揺れは、万世という漢語になじみがなかったためだろう。万世の音読みは「ばんせい」のはずだが、「まんせい」となったのは「ばんせいばし」だと読みづらかったためか。

明治36年（1903）、昌平橋《しょうへいばし》（仮橋）

のあった位置に新しい万世橋が造られている（現在の万世橋は昭和5年〔1930〕の架橋）。一方の昌平橋は、明治33年（1900）に万世橋の西の現位置に再架橋された。

明治になると万世橋周辺の火除地約1500坪は官有地となり、明治7年（1874）にはその一角600坪を使用して、大蔵省租税寮（明治10年〔1877〕に租税局と改称。財務省主税局の前身）出張所が建設されていた。税務署制度が始まった明治19年（1886）からは万世橋税務署がこの庁舎のどこかに入り、明治40年（1907）に神田橋《かんだばし》に移転するまで税務関連の業務がつづけられたようだ。

明治18年（1885）に須田町《すだちょう》に開局した神田郵便局もこの庁舎を使用した。神田郵便局は明治43年（1910）5月、万世橋停車場建設に伴い、官有地の西側部分、現在も神田郵便局がある位置に移転している。

ところで万世橋停車場が開業したのは明治45年（1912）4月1日である。辰野金吾《たつのきんご》が設計した赤煉瓦の駅舎は、建設が進んでいた中央停車場（開業後、東京駅と命名）に先行する壮麗な外観だった。東京市電も駅前の須田町電停から四通八達しており、都内最大の交通の要衝だった。ただ、万世橋停車場の完成を一日千秋の思いで待ちわびていた甲武鉄道は、このとき存在しなかった。資金が尽きて倒産したわけではない。明治39年（1906）に成立した鉄道国有法により、甲武鉄道は国有化されたのである。

万世橋駅と東京駅が結ばれたのは、大正8年（1919）3月である。この時点の中央線電車の運転経路は、東京駅を起点とした折り返し運転ではなく、山手線（当時の区間は東京〜品川〜新宿〜池袋〜田端〜上野）と組み合わせた中野〜新宿〜御茶ノ水〜東京〜品川〜新宿〜池袋〜田端〜上野という、いわゆる「の」の字運転の一部だった。

万世橋が単なる電車の途中駅となったことで利用者は減少。さらに秋葉原駅が大正14年（1925）に旅客営業を開始し、昭和3年（1928）に総武線と結ばれたことで、万世橋駅の存立意義は薄れ、利用者はますます減っていく。

万世橋の駅周辺の環境も関東大震災を境に激変した。駅前に軒を連ねていた青果市場の店々は秋葉原駅前に移転。現在の中央通りと靖国通りの大通りは付け替えられ、須田町交差点は駅から遠ざかった。

昭和11年（1936）4月、駅舎の基礎を利用して、東京駅北口そばの高架下で手狭となっていた鉄道博物館の新館が新築され、博物館が移転開館する。万世橋駅は鉄道博物館の付属駅として生き長らえたようなものだった。だが、戦時中の昭和18年（1943）10月31日をもって休止（実質的に廃止）となった。「不要不急」という烙印を押されたのである。備品は翌11月1日に開業する京浜東北線の新《しん》子《こ》安《やす》駅に運ばれ、使われたと伝わる。壮麗な駅舎とともに都心のターミナルとして開業した万世橋駅のあまりに淋しい幕切れだった。

9

なぜ東京駅の駅舎は左右対称ではないのか？

東京駅の丸の内駅舎（正式には「丸ノ内本屋《ほんや》」）は、九州の門司港《もじこう》駅に次いで2番目に重要文化財に指定された駅舎建築である。文化庁によれば、「煉瓦を主体とする建造物のうち最大規模の建築で、当時、日本建築界を主導した辰野金吾の集大成となる作品として、価値が高い」と記載されている（文化庁のサイトより）。

実は開業当時の東京駅は、ほかの駅にはない特異な構造をしていた。中央口と中央通路が貴賓通路（皇室専用）だったことである。東京駅は、帝都の表玄関であると同時に、皇室の玄関駅だったことを如実に物語る。

御車寄《みくるまよせ》が設けられた中央口は「帝室専用口」で、普段は扉が堅く閉ざされていた。扉を抜けた先は八角形の吹き抜けの広室《ひろま》になっており、その先の廊下突き当たりに天皇の便殿《びんでん》「松の間」（53ページの図では「御休憩室」）が設置された。

さらに開業当時の東京駅では、駅舎とホームをつなぐ南側の通路は乗車客専用、北側の通路は降車客専用とされ、貴賓通路とされた中央通路は普段使われなかった。

一般客の出入口は、乗車口（現在の丸の内南口）と降車口（現在の丸の内北口）に加え、中

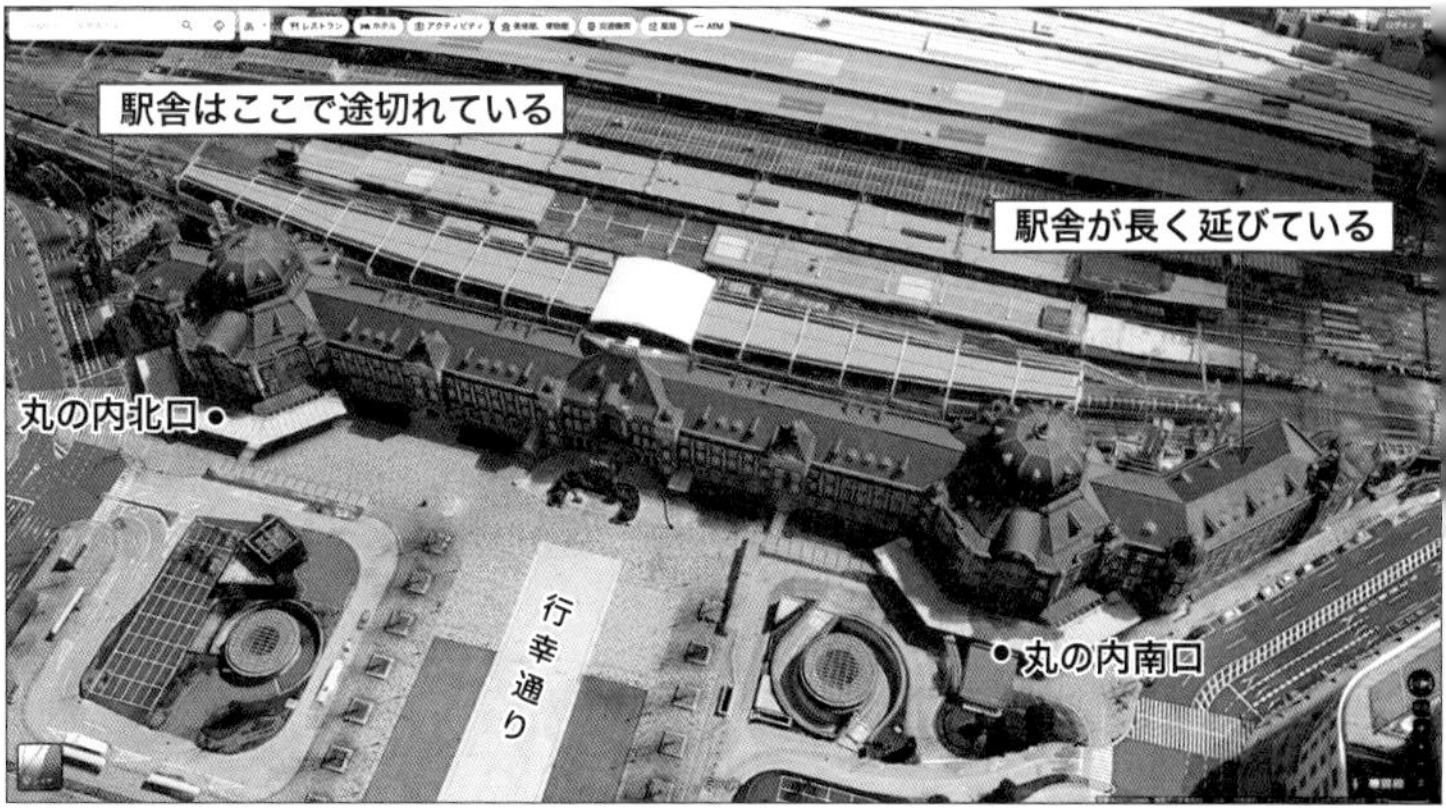

東京駅の3D画像。丸の内北口より丸の内南口の方が駅舎の建物が大きく張り出しているのはなぜだろうか。©2023 Google

央口脇の電車降車口（電車専用ホームからの降車専用口。現在同位置に丸の内中央口が設置されている）の3ヶ所。当時の電車は1両か2両程度だったので、ホームの長さも汽車ホームよりずっと短かった。

さてここからが本題である。東京駅はなんとなく左右対称の建物という印象がある。だが実際は、東京駅の丸の内駅舎は南側に大きく張り出した構造となっているのだ。その理由は、開業当時、乗車口と降車口を南北に分けたからである。乗車口の方に待合室はじめ多くの付属設備を必要とした名残である。

南側の乗車口の待合室が、「一等待合室」「一等婦人待合室」「二等待合室」「三等待合室」の4室あったのに対し、北側の降車口の待合室は、「集札所広室」（ドーム）脇に小規模な「待合室」と「婦人待合室」が設けられただけだった。出札所（きっぷ売り場）は南側の乗車口の「改札所広室」（ドーム）内に2ヶ所しかなかった。開業時の特異な乗降の仕組みが、両翼に張り出した部分の左右非対称という構造を生み出したのである。

　乗車口と降車口は200メートル以上離れており、しかも中央部を貴賓室や貴賓通路が分断していたため駅舎内の横断は不可能だった。駅舎の外側は雨よけの屋根などはない吹きさらしで、昭和天皇の即位大礼を翌月に控えた昭和3年（1928）10月にアスファルト舗装されるまで、ほぼ14年もの間未舗装のままだった。風の強い日は砂埃が舞い、雨の日はいたるところに水たまりができた。

　しかも人家が密集していた東側の京橋《きょうばし》・日本橋《にほんばし》方面への出入口は存在しなかった。八重《やえ》洲口《すぐち》が開設されるのは昭和4年（1929）12月。この時点では電車区間の乗車券しか発売されなかった。

　一般利用者にとってみれば、このうえなく不便な駅だったのである。「辰野金吾の集大成となる作品として、価値が高い」という文化庁の解説文は皮肉にしか聞こえない。

　大正14年（1925）に電車ホームが汽車ホーム並みに延長され、降車経路が列車降車通路に一本化されたことにより、電車口（大正8年〔1919〕1月に電車出札所ができて乗車可能になったことから開業当時の電車降車口を改称）も大正14年（1925）9月に閉鎖されている。電車口が「中央口」として復活するのは、昭和16年（1941）11月1日。事変下の

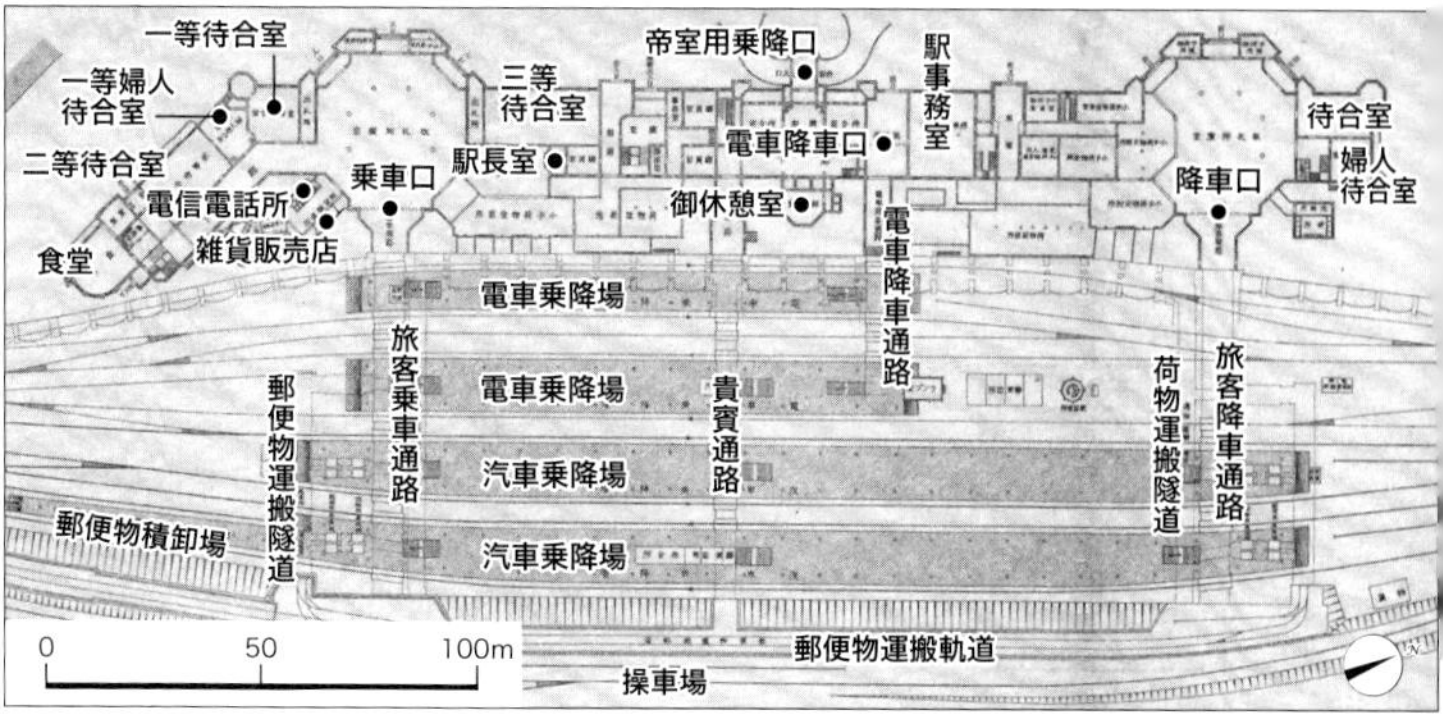

開業当時の東京駅平面図。乗車口と降車口が分けられていたため、乗車口（現在の丸の内南口）側にさまざまな設備が用意されていた。そのため建物が長く延びたのである。また、当時の電車は編成が極端に短かったため、通常の降車口とは別に、中央付近の電車降車口から出場していた。電車降車口の位置にあるのが現在の丸の内中央口である。駅前にアスファルト舗装が施工されるのは、開業から14年ちかく経った昭和3年（1928）10月である。乗降口前に日よけ屋根が設置された時期ははっきりしないが、昭和11年（1936）6月撮影の空中写真を見ると、屋根らしき影が映っている。

混雑緩和のため、16年ぶりに再開扉されたのである。

昭和23年（1948）6月20日、開業以来つづいていた構内の一方通行を廃止し、丸ノ内の乗降口・降車口のいずれからも乗降できるように改めた。

昭和34年（1959）11月1日には、有名無実化していた丸の内駅舎の乗降口・降車口の名称が丸ノ内北口と丸ノ内南口に変更され、中央口（もとの電車口）が丸ノ内中央口と改称されている。

東京駅は開業以来変わらないようにみえるが、100年もの間、改良に改良を重ねて、開業当時の利用者の使いづらさを補うべく現在の状況に引き上げたのである。左右非対称の東京駅丸の内駅舎を見ると、そんなことを考えてしまう。

10

なぜ上野が東京の北の玄関駅になったのか？

東北新幹線が東京駅に延伸するまで、上野駅は北の玄関として揺るぎない地位を誇っていた。上野駅前には、土産物店、喫茶店、食堂、駅前旅館など、上野駅の利用者相手のさまざまな店が軒を連ねていた。当時の上野駅に、駅ナカという発想はなかった。上野駅構内には小規模の売店（キヨスク）があった程度だから、人々は否応《いやおう》なしに駅前に並ぶ店先に流れていったのである。

新幹線ができる前の1970年代半ば、時刻表の巻末に掲載されている上野界隈の旅館は40軒を数えた。都内最多である。当時の時刻表掲載旅館は、新宿界隈が15軒、八重洲が3軒程度だったから、上野の賑わいが想像できるだろう。

上野界隈は鉄道ができるずっと前から栄えていた。その証といえるのが松坂屋《まつざかや》上野店である。この店が上野に店を構えたのは江戸時代である。宝永《ほうえい》年間というから1700年代初めに上野広小路《ひろこうじ》に呉服商「松坂屋」が開店。明和《めいわ》5年（1768）、経営不振に陥っていた松坂屋を名古屋のいとう呉服店が買収する。店名を「いとう松坂屋」と改め、奉公人なども引き継ぎ、江戸へ進出したのである。歌川広重《うたがわひろしげ》の『名所江戸百景』にも大きく描かれ

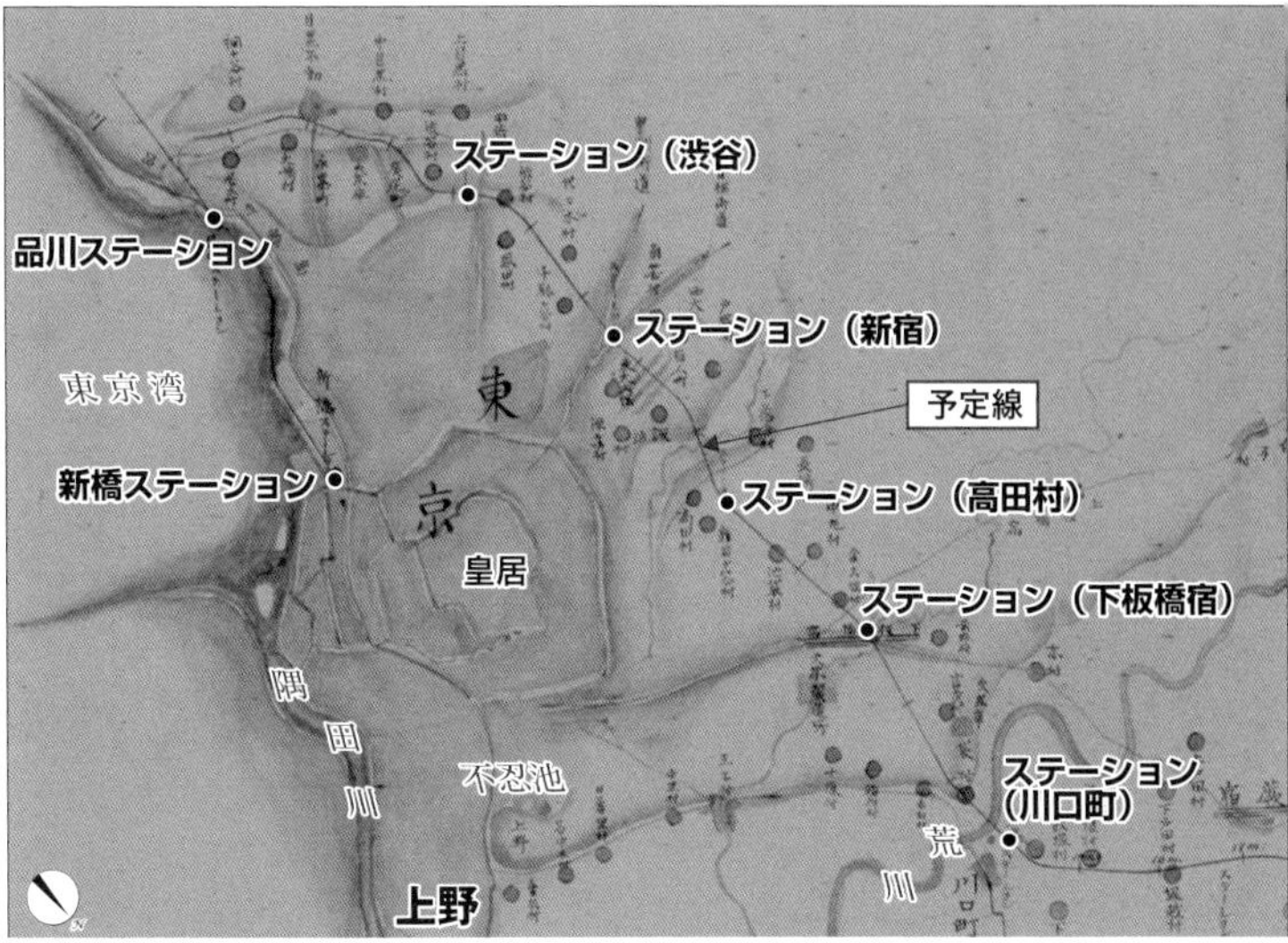

日本鉄道が鉄道建設出願に際して提出した図面（右下が北になる）。当初、川口から南に延びる線路は新宿、渋谷を通って品川に到達していた。「東京高崎間鉄道略図」より（部分）。

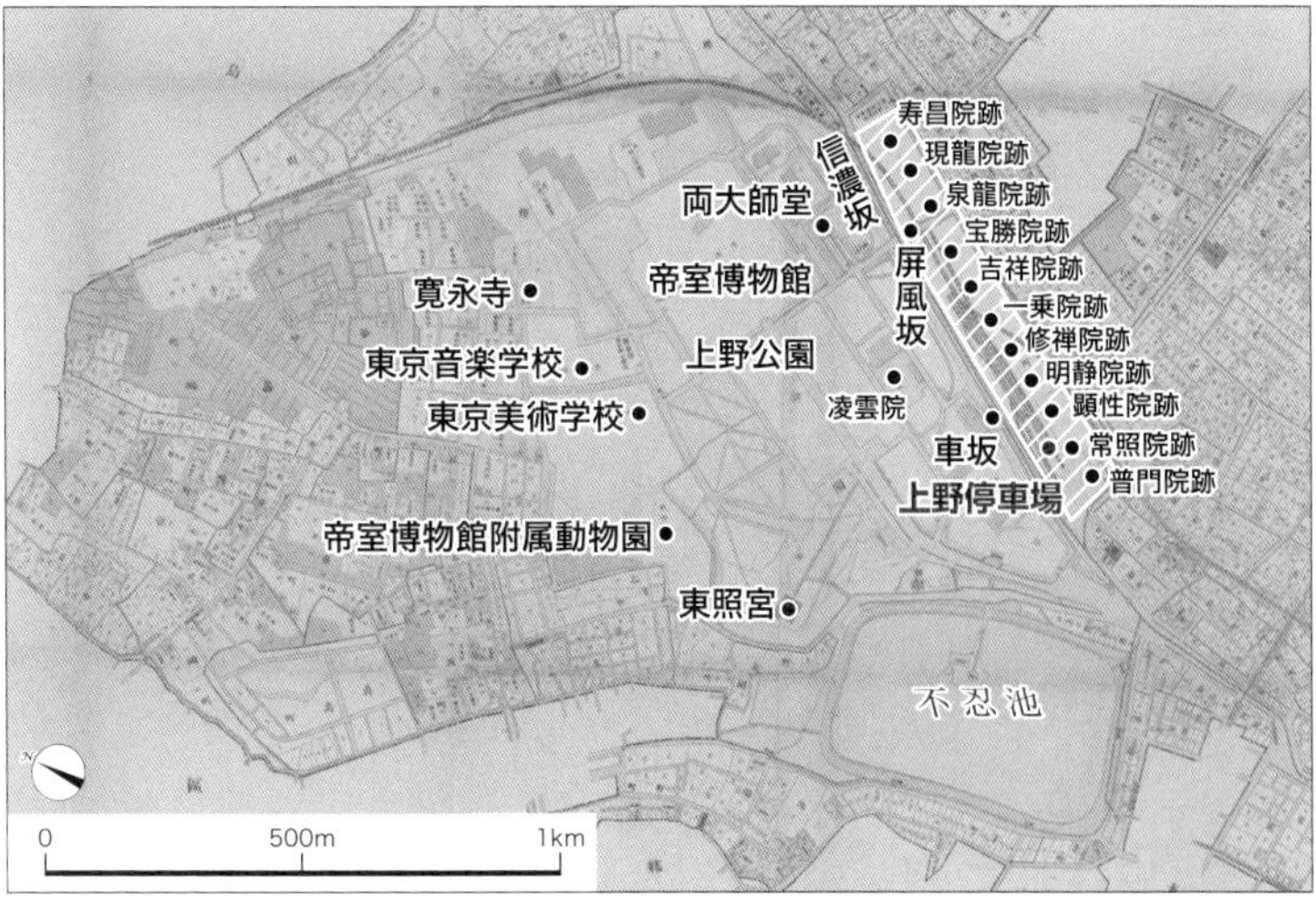

上野停車場の位置には、東叡山の末寺がびっしり並んでいた。上野戦争の焼け跡の更地に停車場が開業。明治40年（1907）発行の「東京市下谷区全図」に加筆（左上が北になる）。

る老舗が、創業以来300年以上、今も変わらぬ位置で営業しているのだ。時代の荒波をくぐり抜けた上野の象徴である。

東京の北の玄関駅になったのは、いわば天の時、地の利、人の和に恵まれていたからだといえる。

「天の時」とは、上野戦争（戊辰《ぼしん》戦争唯一の江戸における市街戦）で上野の東叡山やその末寺の多くが焼け落ちて更地になって広い敷地が確保できたことが挙げられるだろう。戦《いくさ》はまぎれもなく悲劇である。だが結果として、寺社と人家で埋めつくされていた上野・下谷《したや》界隈に広大な更地が誕生したのだ。

上野駅の位置は、江戸時代は東叡山の末寺が並ぶ一角だった。ところが、戦火で寺は焼失。跡地は東京府が管理する更地になっていた。明治15年（1882）11月8日に日本鉄道は上野停車場用地として旧下寺（末寺）跡地2万9280坪（約9万7000平米）の借地願を東京府知事に申請し、13日に許可されている。わずか5日で許可が下りたところをみると、行政の後押しがあったと考えるべきだろう。

実はこの更地に目をつけたのは日本鉄道だけではなかった。明治14年（1881）、東京馬車鉄道もここに本社を設けようとしたが許可されなかった。あるいはこのころには鉄道駅を設置する構想があったのかもしれない。

「地の利」とは、鉄道敷設にあたり、上野付近の地形が幸いしたことである。日本鉄道は最初、上野に駅をこしらえるつもりはなかった。東京と高崎を結ぶ経路で計画が始まった当初の構想では上野方面には向かわず、旧江戸城下町の西側を迂回して、品川で官鉄線と連絡する予定だった（55ページ上の図）。

ところがこの経路は、途中で何度も川を渡らなければならず、土地の凹凸もあって、架橋や切り通し工事を必要とした。民有地を通過するため、用地買収にも手間どり、時間と経費がかかることが判明する。代案として浮上したのが、道灌山下の崖下の無用地を通して上野に停車場を開設する計画だった。こちらはほぼ平坦で、用地買収の必要もなかった。

「人の和」ということでは、上野戦争で激戦が交わされたすぐそばの下谷一帯の被害がほとんどなく、しかも鉄道建設にあたって、民有地の用地買収が発生しなかったことで、反対運動が起きなかったことが挙げられるだろう。新橋〜横浜間の最初の鉄道が、東京市内で各方面の反対に直面した結果、海中に築堤をこしらえて鉄道を通さざるをえなかったのとは雲泥の差だった。

繁華街がすでに存在し、さらに発展する潜在可能性を保持したまま、鉄道をはじめとする新時代の大規模施設を新たな用地買収なしに建設することが可能だった上野という土地柄、いわば天運が味方したようなものだったといえるかもしれない。

11

なぜ東京駅以外の駅前広場は広くないのか？

鉄道の駅といえば、駅前広場がつきものだ。誰もがそう思うだろう。ところが最初から広大な駅前広場が準備されていた駅はほとんどなかった。

汐留《しおどめ》にあった最初の新橋停車場の駅前広場は100メートル四方もなかった。広場といっても利用者がくつろげる場所ではなく、乗合馬車や人力車、荷車のための空間だった。北の玄関口である上野停車場も、開業当初こそ100メートル四方程度の広場が存在したが、やがて駅施設や郵便局などの建物が建て込み、広場的なものは消滅した。途中駅として出発した渋谷や新宿、池袋には、駅前広場と呼べるものは存在しなかった。

唯一、駅前広場が最初からあったのは、大正3年（1914）に開業した東京駅くらいだった。東京駅の駅前広場の面積は2万4000平米というからだいたい7000坪。東京駅の駅前広場が広いのは、即位の大礼の際の警護の隊列を並ばせる必要があったからだろう。東京駅と同規模の駅前広場をもつのが現在の京都駅だが、京都駅も大正3年（1914）、現在よりも140メートル北の位置にあった明治時代の駅とは異なる位置に新駅舎を新築しており、そのとき初めて駅前広場が設定された。即位の大礼で天皇を奉迎・奉

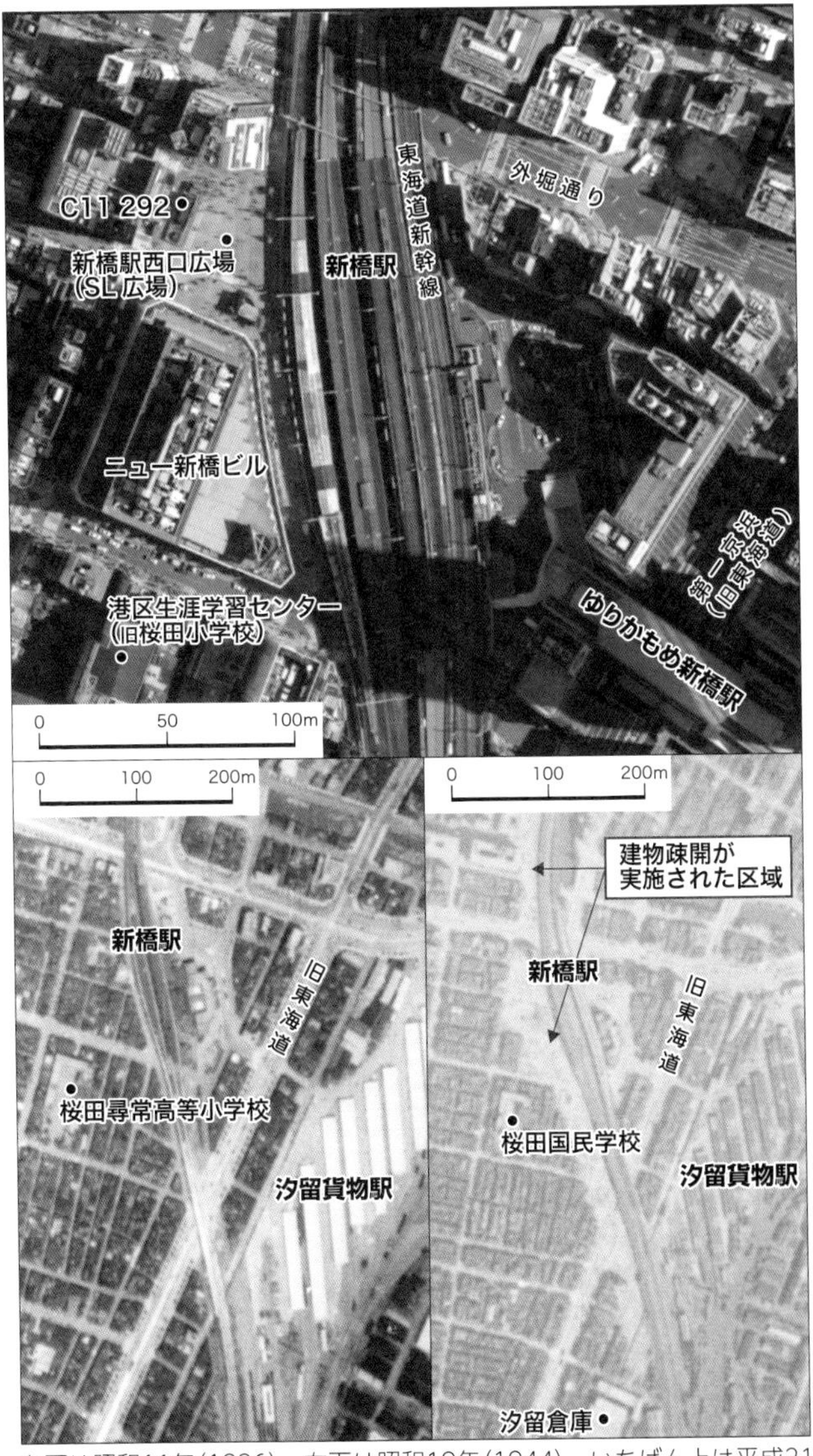

左下は昭和11年（1936）、右下は昭和19年（1944）、いちばん上は平成21年（2009）撮影の新橋駅の空中写真。西口広場とニュー新橋ビルは建物疎開跡に立地している。

送する際に1000人つまり歩兵一個聯隊規模が整列できる空間の確保を要請されたからである。これが京都駅の約4600坪（道路除く）の駅前広場を生んだ原動力だった。

東京駅に次いで大規模な駅前広場が造成されたのは、新宿駅西口だった。西口駅前にあった東京地方専売局淀橋工場が関東大震災で被災。昭和12年（1937）に工場が廃止されると、跡地を駅前広場にする構想が具体化し、昭和16年（1941）に大部分が完成した。現在のように地上部分にバスターミナル、地下部分にタクシーと地下広場（現在の正式名は西口地下通路）が設けられる立体構造となるのは昭和41年（1966）である。

渋谷駅西口や新橋駅西口、大塚駅南口の駅前広場に関しては、戦争という共通点がある。これらにもともと駅前広場はなかった。山手線に関していえば、神田駅や御徒町《おかちまち》駅のように高架下まで家屋が建て込んでいたほうがむしろ普通だった。これらの駅に広場が誕生したのは、戦時中に「建物疎開《たてものそかい》」が実施されたためである。建物疎開とは、空襲による延焼を防止するため、計画的に人家を取り壊して更地（防火用地）を捻出した事業。東京でも大規模に実施されたが、米軍の空襲が想定を上回る規模と弾薬（消火不可能な油脂焼夷《ゆししょうい》弾《だん》）だったため、延焼を防止できた事例はほとんどなかった。戦後、建物疎開で生まれた防火用地の一部が駅前広場として整備されていったのである。

山手線の駅でもっとも新しい駅前広場は、目白《めじろ》駅にある。目白駅付近は切り通しの上を

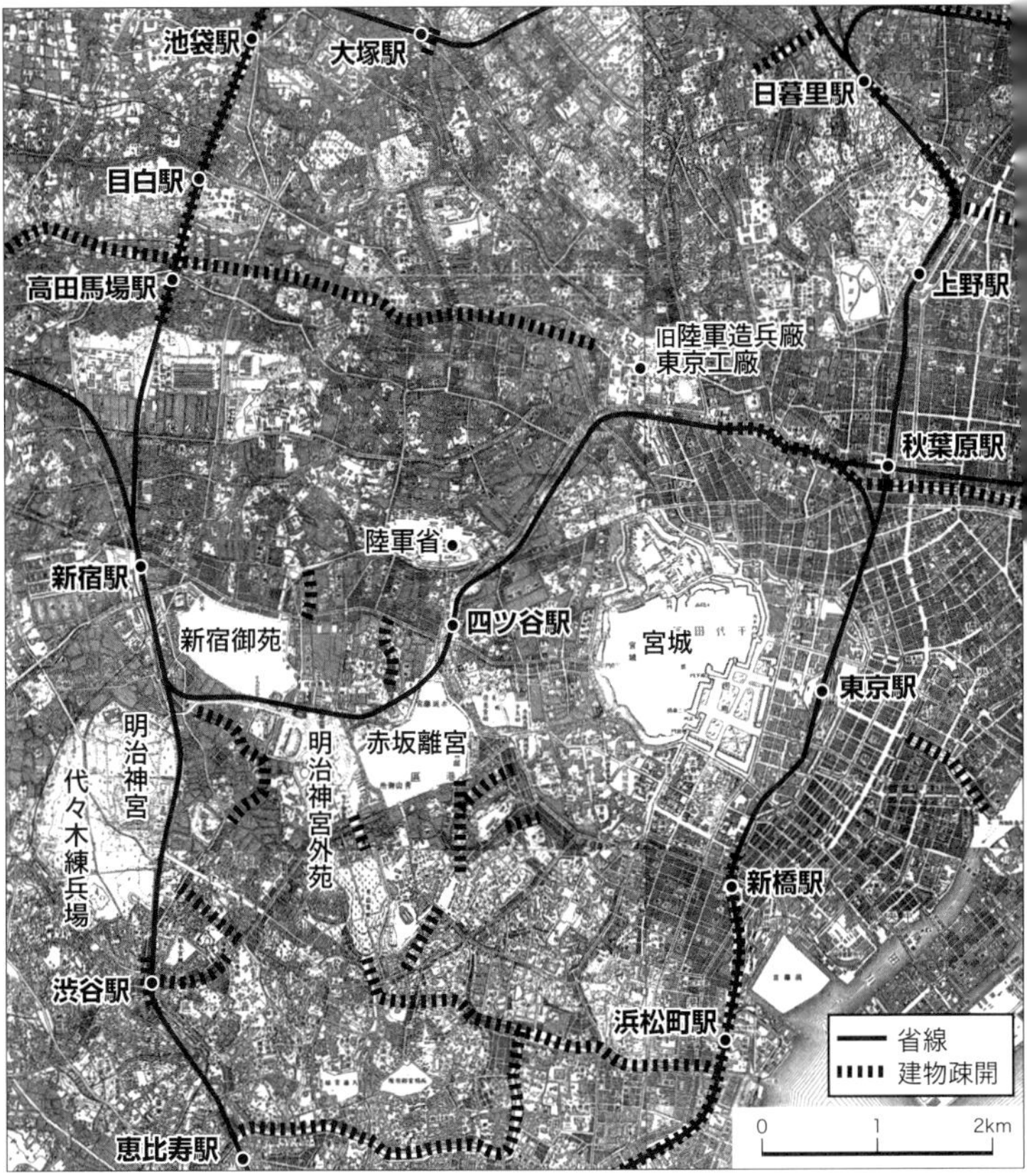

駅前や線路際、神田川や古川・渋谷川沿い、あるいは都市計画道路予定地を対象に建物疎開が実施された。昭和22年(1947)発行の地形図に加筆。「今昔マップ」より。

目白橋という跨線橋が横切り、目白通りが通っていた。そのため、駅前広場を設ける余裕はなかった。ところが平成12年（2000）に目白駅舎と目白橋を造り変えた際、ホームの上に骨組みを組んで駅舎を新築。建物と目白橋の間を人工地盤にして駅前広場の空間を捻出している。

12

なぜ東京モノレールは中途半端な浜松町始発なのか？

羽田《はねだ》空港への交通機関として欠かせない存在が東京モノレールである。開業は昭和39年（1964）9月17日。国を挙げてのイベントだった東京オリンピックが開催されるわずかひと月足らず前である。半世紀以上前にほとんど実用例のないモノレールという新事業を、浜松町《はままつちょう》〜羽田間13・1キロという世界最長区間でよくぞ実現させたと驚嘆の念を禁じ得ない。1980年代以降、日本の各地に出現した「新交通システム」を数十年先取りした斬新な設計だった。

モノレールの始発といえば浜松町駅というのがすっかり刷り込まれているが、実は当初始発駅として検討されたのは、新橋駅だった。

当初の経路は、新橋駅東口のターミナルから浜離宮恩賜《はまりきゅうおんし》庭園前の運河で右折し、運河から旧芝《しば》離宮恩賜庭園そばの海岸通り沿いに南下。芝浦《しばうら》運河上から天王洲《てんのうず》を通って、東品川地区沿岸と勝島《かつしま》運河を経て平和島《へいわじま》レジャーセンターの東を突っ切り、海を渡って呑川《のみかわ》（旧呑川）河口から海老取川《えびとりがわ》沿いを進み、多摩川沿いの玉川弁財天《たまがわべんざいてん》（羽田弁天）付近に終点駅を設ける予定だった。途中駅として、「芝浦海岸通（奨励館前《しょうれいかんまえ》）」「東品川四丁目」「新浜川《しんはまかわ》

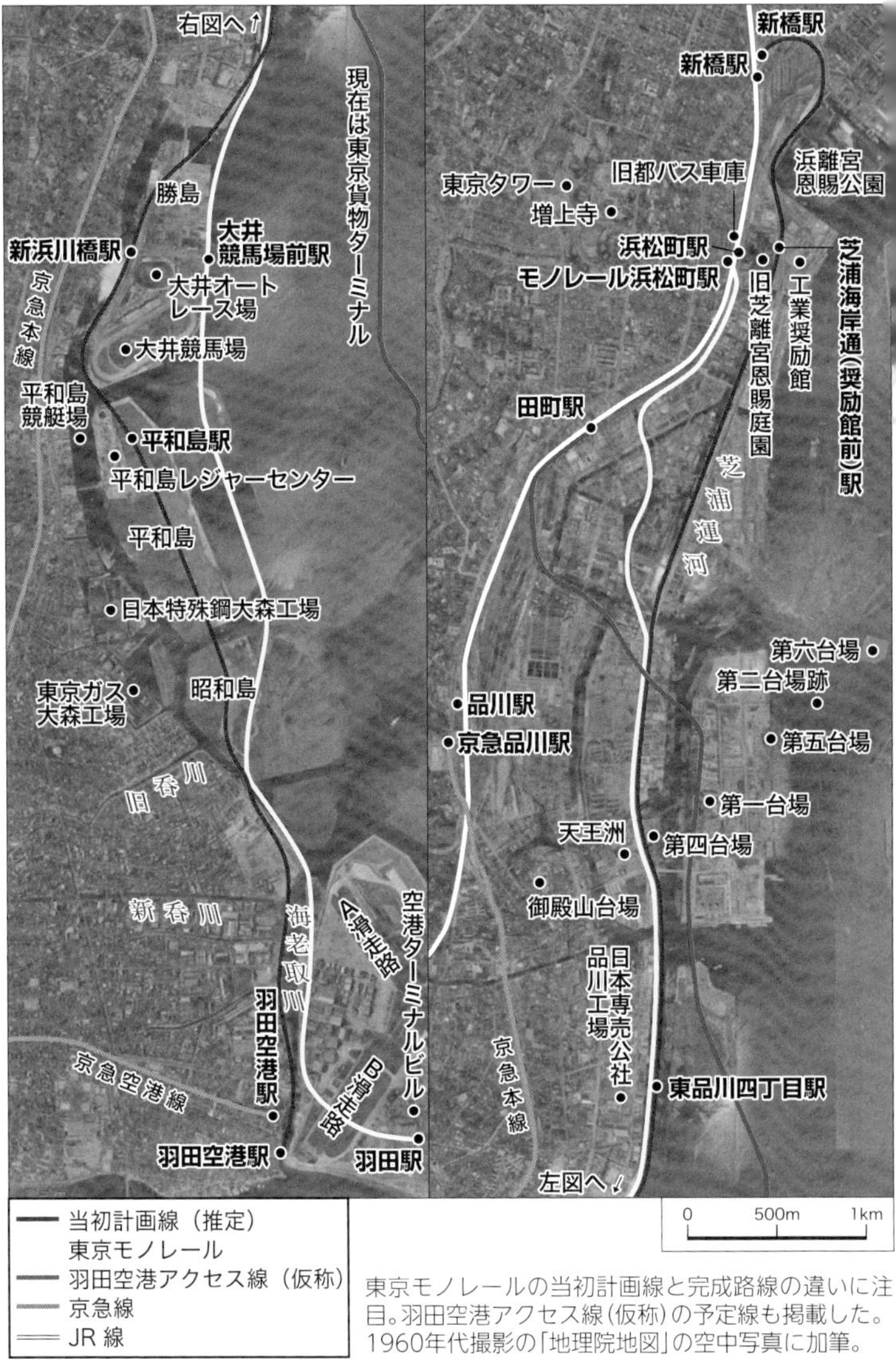

東京モノレールの当初計画線と完成路線の違いに注目。羽田空港アクセス線（仮称）の予定線も掲載した。1960年代撮影の「地理院地図」の空中写真に加筆。

橋《ばし》」「平和島《へいわじま》」の4駅が想定されていた。東品川四丁目は日本専売公社品川工場（民営化後は日本たばこ産業品川工場。現在は再開発されて品川シーサイドフォレストに変貌）従業員の通勤利用を、新浜川橋は大井《おおい》オートレース場と大井競馬場利用者を、平和島は平和島レジャーランドと平和島競艇場利用者を当て込んだのだろう。

モノレールを計画していた日本高架電鉄による用地買収が本格化したのは、路線免許を出願した昭和36年（1961）1月である。しかし東京都は首都高速1号羽田線建設を優先して進めており、首都高速が開通すれば空港旅客輸送の不安はなくなるとして、モノレール建設については消極的だった。そして予期せぬ強い反対運動に直面することになった。たとえば新橋駅周辺は、土地の権利関係が複雑で、建設中の東海道新幹線の用地取得にも苦慮しており、地元住民団体が立ち退き反対声明をたびたび繰り返していた。こうした状況ではモノレール用地の新規買収がうまく行くとは思えず、新橋乗り入れ計画は早々と断念するほかなかった。

新橋以上に用地買収が困難だったのが、芝浦運河だった。当時、芝浦運河沿岸には倉庫が並び、運河は多数の艀《はしけ》が出入りしていた。そのため利害関係のある倉庫会社や艀を運航する業者から強い反対運動が起こったのである。

結局、モノレールは大幅なルート変更を余儀なくされた。始発は新橋の隣の浜松町とし、そこから東京瓦斯《ガス》供給所、東京都交通局資材置場を経て、新芝北運河から芝海岸通を通り、天王洲、東品川4丁目・5丁目、鮫洲《さめず》、勝島《かつしま》、京浜三区（のちの昭和島《しょうわじま》。当時はまだ埋め立て前）を経由して海老取川を渡り、羽田空港駅ビルに達する計画となった。できるかぎり水面の上を通すものだった。

その理由ははっきりしていた。反対運動や買収困難な土地を避け、用地買収に時間をかけず、早期に完成させるためである。ところがそれでも交渉は難航を重ねた。用地問題がすべて解決したのは、開通1ヶ月前の昭和39年（1964）8月というきわどさだった。

新橋の代わりに始発ターミナルとして白羽の矢が立ったのが浜松町駅だった。当時浜松町駅の西口には、都バスの車庫跡だった8000坪ちかい空き地（2万6400平米）が広がっていた。

日本高架電鉄は、この場所を借用して始発駅を建設しようと考え、昭和36年（1961）5月、東京都交通局に対し、用地借用願を提出していた。しかしこの場所は、モノレールの計画が持ち上がる前からヘリポートを建設する計画が進んでおり、ヘリポート計画を企画した「航空センター創立事務所」が、モノレールのターミナル計画と真っ向からぶつかる形で昭和37年（1962）2月に借用陳情書を提出したのである。航空センターの代表者は、東京オリンピック組織委員にも名を連ねる自民党代議士の松永東《まつながとう》だった。松永はオリンピック招致を決めた第一次岸信介《きしのぶすけ》内閣でオリンピック所管の文部大臣を務めた実力者である。

ヘリコプター輸送とは突拍子もない発想のように思えるが、当時、羽田空港までのアクセス事情はお寒いものだった。空港敷地内に乗り入れる鉄道は皆無で、交通手段としては路線バスかタクシーしか選択の余地がなかった。しかも、東京の道路渋滞は恒常化しており、空港と都心を結ぶ航空会社の専用バスはいつも遅延し、利用者の苦情が絶えなかった。たとえば東京駅八重洲口と羽田空港を結ぶバス便は所要50分という建前だったが、たいてい遅延した。

空港アクセスに難渋している状況は世間に知れ渡っており、手っ取り早く空港と浜松町をヘリコプターで直結しようというプロジェクトが進行していたのである。この計画には、朝日・毎日・読売・産経という大手新聞社や日本航空が参画していた。

浜松町にモノレールとヘリポートのどちらを誘致するのか。さらにこの土地をめぐっては都営地下鉄車庫の建設計画が持ち上がっており、付近の13町会を巻き込んで建設反対運動が盛り上がっていた。

都バス車庫跡の用途をめぐっては揉めに揉めたが、モノレールに軍配が上がった。ヘリポート建設は騒音や電波障害など難題が山積しており、地下鉄車庫も反対運動に直面して

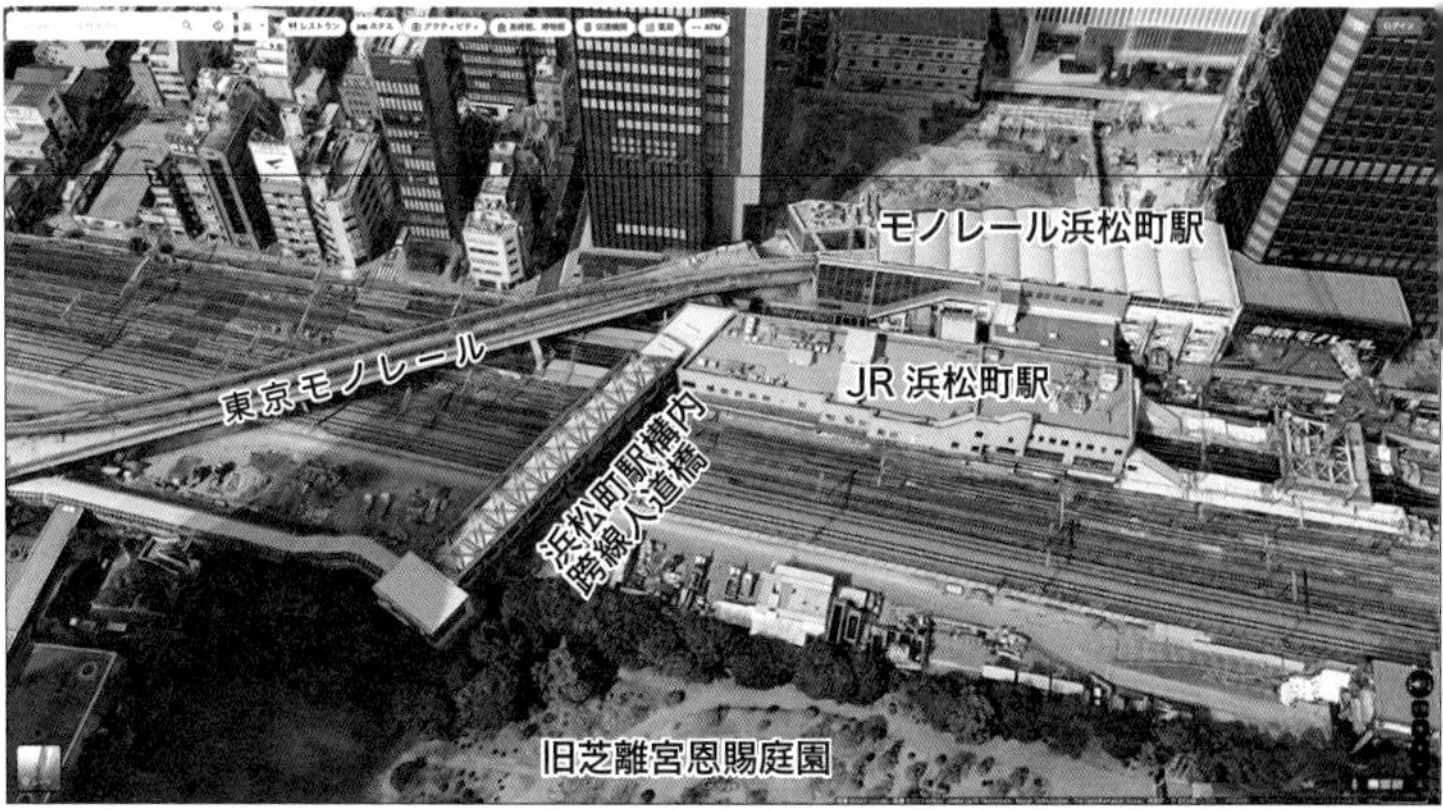

浜松町駅を東から眺めた3D画像（加筆）。東西自由通路の「浜松町駅構内跨線人道橋」は昭和57年（1982）の竣工。旧東芝本社方面への連絡口として利用されてきた。©2023 Google

いたためである。昭和37年（1962）7月、航空センターの設立発起人から新聞社や日航が脱退すると、ヘリコプター輸送計画はあえなく頓挫と相なった。

モノレールを建設する日本高架電鉄と東京都交通局との間で3500坪ちかい土地（1万1550平米）の払い下げの調印が行なわれたのは、借用願提出から2年7ヶ月後の昭和38年（1963）12月である。すでにオリンピック開会式まで10ヶ月を切っている。

すべてが泥縄という印象だった。たとえば、当初の計画では国鉄線の横断は想定していなかったが、モノレールの浜松町駅を国鉄駅の西口に設けた関係で、国鉄線を横断する必要が生じた。ただし工事の申し入れを国鉄に行なったのは昭和37年（1962）に入ってからだった。山手線の線路に沿って上空にモノレールの軌道桁を架設する計画だったようだが、国鉄の十河《そごう》信二《しんじ》総裁の「旅客の頭上を通るとは何事か」という大《だい》喝《かつ》ですべて振り出しに戻ってしまった。結局「オリンピックに間に合わせる」という政府の方針から、新幹線工事に合わせて実施されることとなり、十河総裁に対する周囲の説得でなんとか横断線の建設が可能になった。この部分の工事は国鉄に委託し、172メートルの鋼鉄製橋梁を浜松町駅構内に設置している。

羽田側の駅の位置もなかなか決まらなかった。ターミナルビルに駅を設置するため、羽田空港敷地内のB滑走路の地下には単線トンネルが必要となった。しかしトンネル工事が始まった昭和38年（1963）半ばになっても、空港ターミナルのどこに駅を設置するのか決まっていなかった。

モノレールが開通したのは、東京オリンピック開会式まで23日と迫った昭和39年（1964）9月17日である。前日には開通式が挙行され、招待客を乗せた第1号列車が発車している。同年5月28日には、日本高架電鉄株式会社の社名が、東京モノレール株式会社に変更されていた。因みに浜松町〜羽田の所要時間は15分。空港が沖合展開した現在、浜松町〜羽田空港第2ターミナルの所要時間は最短18分（空港快速利用）である。

紆余曲折はあったものの、東京モノレールは同時期に開通した東海道新幹線や首都高速道路とともにオリンピックにかろうじて間に合い、交通の未来像を提示したのである。

羽田空港連絡といえば、JR東日本による「羽田空港アクセス線（仮称）」の工事が始ま

新芝北運河を疾走するモノレール。開業当初、倉庫が並んでいた周囲の風景は高層ビルへと変貌。運河を往来していた艀の姿は消え、水面は静まり返っている。

っている。これは、汐留貨物駅と大井埠頭の東京貨物ターミナル駅を結んだ貨物線の大汐線《おおしお》（休止線）の橋梁や高架橋を有効活用し、東京ターミナル駅から先は新規建設して羽田空港への連絡線を建設する計画である。既存線との分岐は田町《たまち》駅付近で12・4キロの新線。宇都宮線・高崎線・常磐線方面からの列車乗り入れも計画され、東京駅と羽田空港をわずか18分で結ぶ。完成予定は令和13年度（2031年度）だという。

そこで気になるのが東京モノレールである。JR東日本の傘下となった今、羽田空港アクセス線開業後はどうなるのだろう。まるで遊園地の乗り物のようなスリルが味わえるユニークなモノレールがこれからもずっとつづくことを祈りたい。

13

なぜ羽田空港駅は空港敷地の外側にあったのか？

羽田空港のターミナルビルには、モノレールだけでなく京浜急行の空港線も乗り入れている。ところが京急がまがりなりにも羽田空港の敷地に乗り入れたのは、平成5年（1993）。東京モノレールの昭和39年（1964）に対して、30年ちかく遅い。

不思議なのは、それまで京浜急行の羽田空港駅が空港の敷地の外に存在していたことである。駅の位置は、空港手前を流れる海老取川の手前の稲荷橋《いなりばし》のたもとだった。羽田空港ターミナルビルに向かうには、中型以下の連絡バスに乗り換えて1・5キロの道のりをたどらなければならず、直接ターミナルビルに乗り入れる東京モノレールや東京駅からの直通バスなどと比べ、非常な不便を強いられていた。

東京国際空港が誕生して4年目の昭和31年（1956）以降、駅名に「羽田空港」を謳いながら、空港最寄り駅とは到底呼べないシロモノだったのである。しかも昭和38年（1963）には線名まで穴守《あなもり》線から空港線に変えたから、ターミナルビルに乗り入れていると誤認させかねない罪作りな路線だった。なぜ京浜急行は空港のはるか手前に駅を開設していたのだろう。

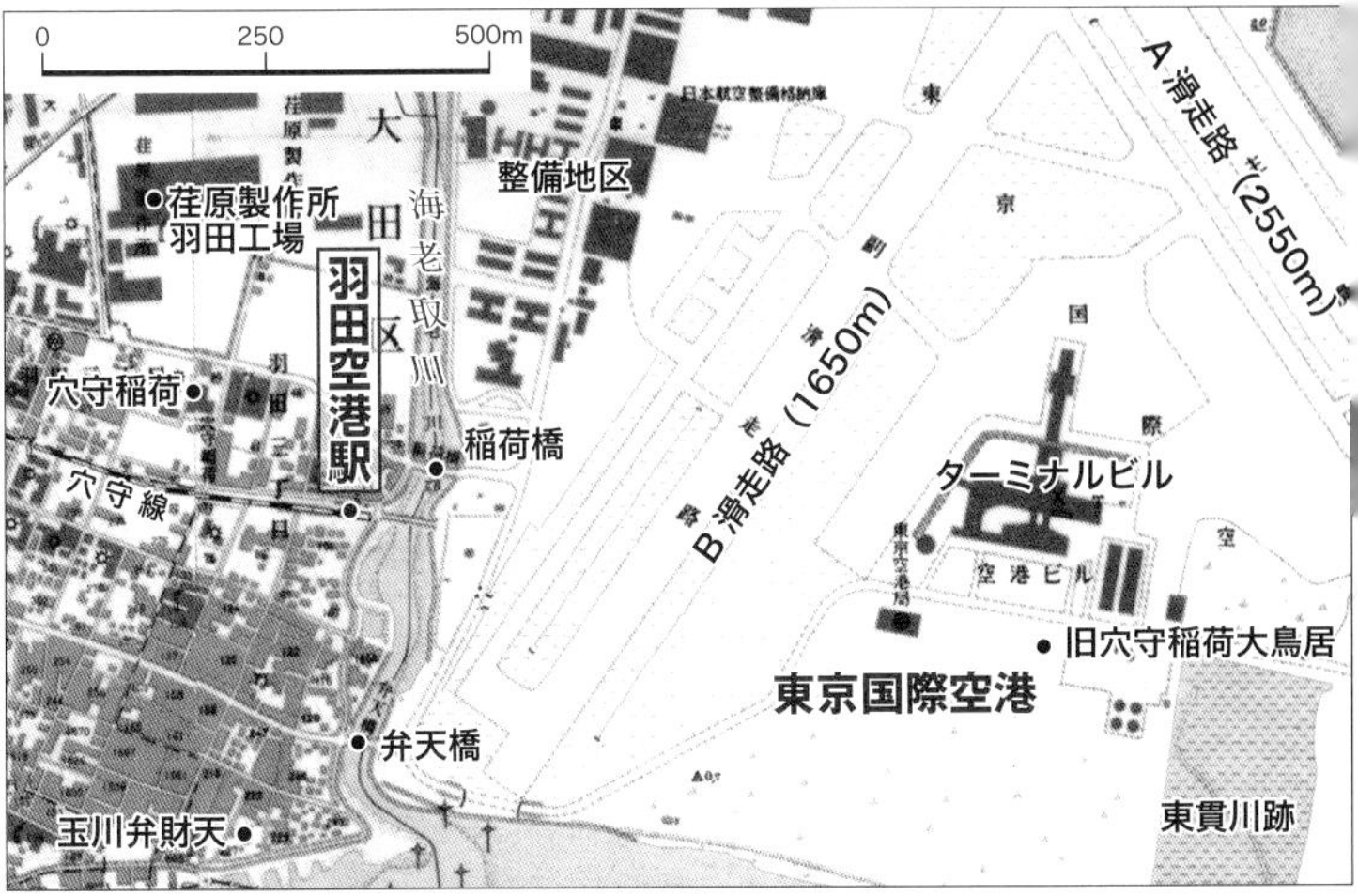

昭和33年（1958）発行地形図に加筆。京急穴守線の羽田空港駅が東京国際空港のはるか手前の海老取川の西側に立地しているのに注目。「東京時層地図」より。

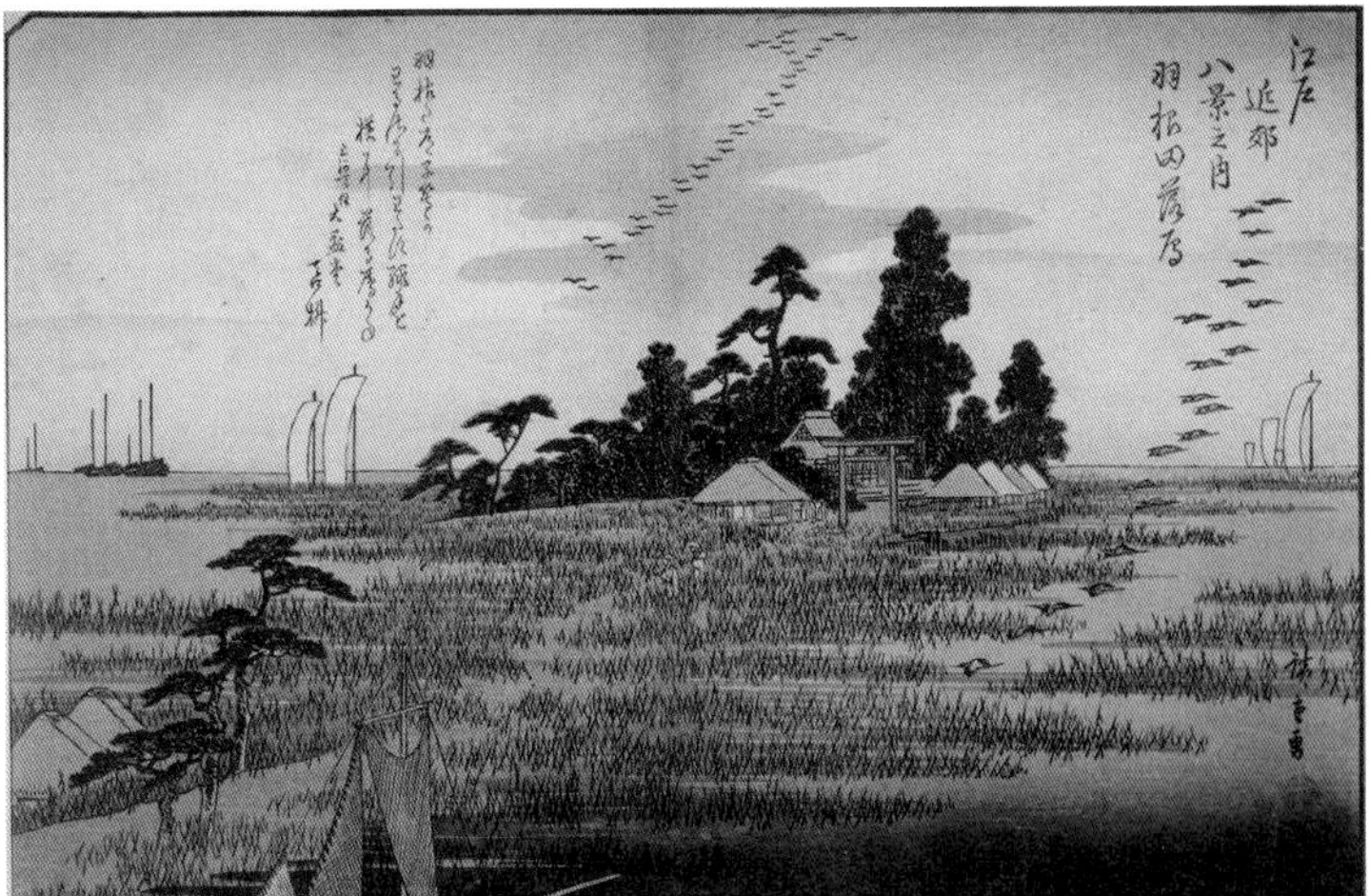

歌川広重『江戸近郊八景』に描かれた「羽《は》根《ね》田《だ》落雁《らくがん》」。江戸時代の羽田沖は、要島《かなめじま》と呼ばれた木立と干潟が広がっていた。中央に見える鳥居は穴守稲荷ではなく、玉川弁財天のもの。当時は玉川弁財天が人気の神様だった。

その謎を解くには、羽田周辺の複雑な歴史を振りかえる必要がある。羽田といえば、空港の印象しか浮かばない人がほとんどであろうが、空港関連施設しかない現在の空港島（住居表示は羽田空港1～3丁目）の土地にも、かつては人々の暮らしが息づいていた。昭和42年（1967）に住居表示が実施されて「羽田空港」に集約されるまで、空港敷地の町名は、羽田穴守町《はねだあなもりちょう》・羽田江戸見町《はねだえどみちょう》・羽田鈴木町《はねだすずきちょう》・鈴木御台場《すずきおだいば》・羽田御台場《はねだおだいば》・猟師町御台場《りょうしまちおだいば》という歴史の匂いをプンプン漂わせていた。

羽田空港のある土地はもともと六郷川《ろくごうがわ》（多摩川下流部旧称）河口の干潟《ひがた》で、江戸時代には干潟の一部を干拓して、鈴木新田が形成されていた。静かな半農半漁の村だったという。名主《なぬし》（村の代表者）の鈴木家が干拓した新田の堤上に祭られていた稲荷《いなり》が水害から土地を守ったとして、1800年代以降、広く信仰を集めていた。稲荷に冠せられた穴守《あなもり》という名は、堤防に穴が開いて破れるのを防いだことから起こった名だった。

名主家の鈴木家が祭祀する私的な社《やしろ》として創建された穴守稲荷社だったが、信者は大森《おおもり》・蒲田《かまた》・品川など近在の千人単位に膨らんでいた。明治17年（1884）に東京を襲った猛烈な台風で社殿が倒壊したことも影響し、公的な神社としての許可と社殿再建を申請する。翌年12月に官許が下り、さらに明治19年（1886）12月、稲荷神社改称願が認められ、正式に穴守稲荷神社の社号が許された。こうして鈴木新田の北東の隅に新たな社地を得て、社殿が新築されている。

霊異譚には事欠かなかった。明治27年（1894）には、井戸を掘っていたところ、境内付近で偶然温泉（鉱泉）が掘り当てられる。霊泉との評判を呼び、神社周辺には続々と温泉旅館が誕生。風光明媚な土地柄も相まって穴守稲荷の人気はさらに高まり、参拝の講《こう》組織が関東各地に設立される過熱ぶりだった。

この地に鉄道が敷かれたのは明治35年（1902）というからずいぶん古い。京浜急行電鉄の前身である京浜電気鉄道が、穴守線（現在の空港線）を蒲田から建設したのである。明治32年（1899）に川崎大師《かわさきだいし》参詣客を対象として建設した大師線が大成功を収めた経験を踏まえ、六郷川を挟んだ北で急増していた穴守稲荷の人気に目をつけたのだ。開業当初の終点の穴守駅は、まさに71ページの地図にある「羽田空港駅」付近だった。明治43年（1910）には複線化されたというから、乗車率は上々だった。

穴守駅の先の海老取川に架かる稲荷橋から参道の両側には門前町が形成され、茶店などが並んだ。穴守からの連想であろうが、花柳界などから寄進された鳥居が参道にびっしりと建ち並び、トンネルのようになっていた。その数4万本以上だったという。

境内周辺には、遊園地、運動場、はては動物園まで開園する賑わいを見せる。明治44年（1911）には海水浴場を開設。京浜電鉄が海の家を直営した。

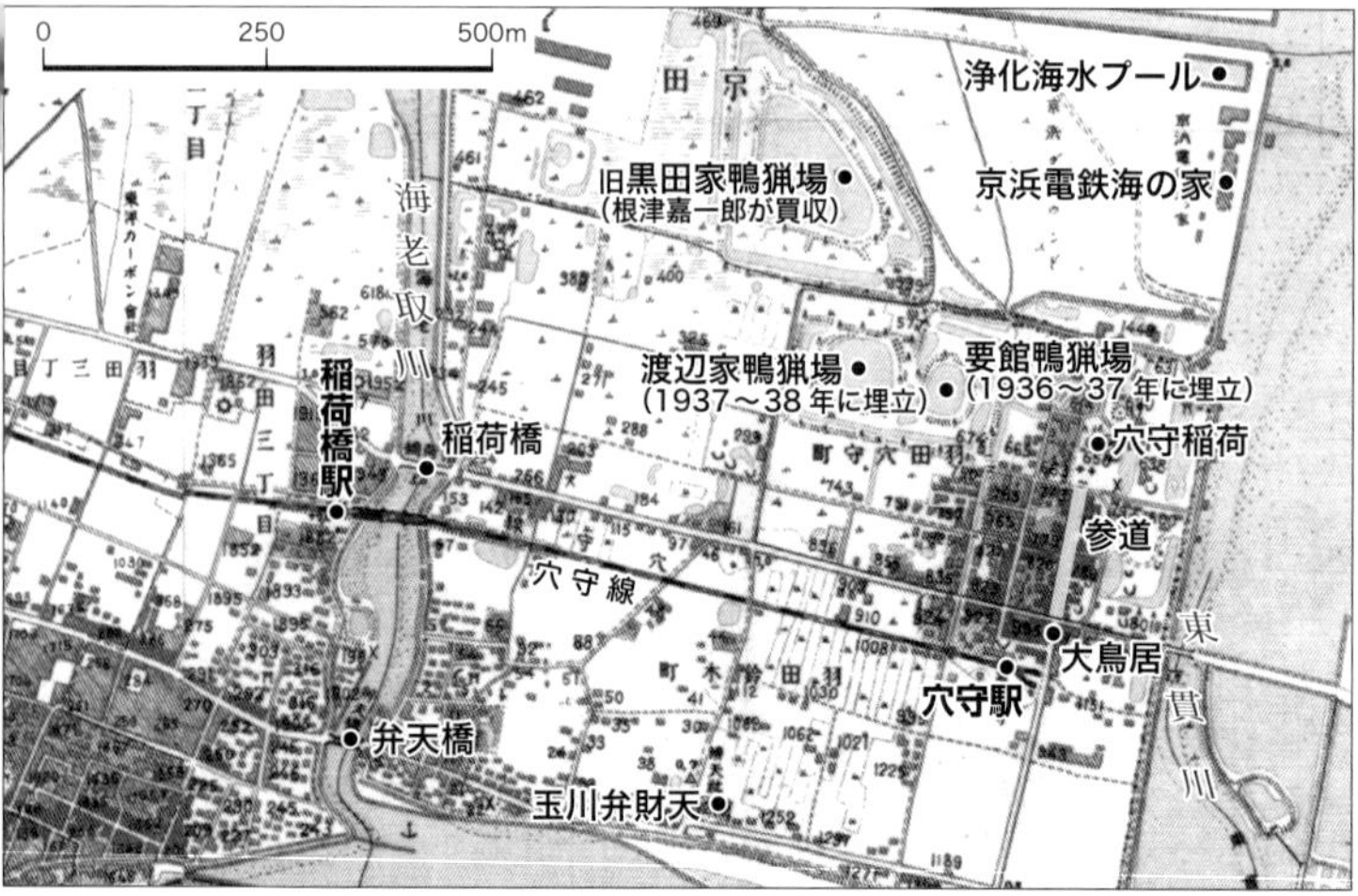

昭和12年（1937）測量の地形図に加筆。穴守線が海老取川を渡り、現在の空港敷地にも市街地が広がっていた。穴守稲荷の鎮座地も海老取川の東側である。「東京時層地図」より。

これ以降の羽田は、春の潮干狩りだけでなく、水のきれいな海水浴場としても名を馳せていく。大正2年（1913）には運動場の土地を掘り込んで一万坪というふれこみの遊泳池まで造成された。羽田一帯は干潟だったため、干潮時には海水浴が楽しめない欠点があったからだ。

大正2年（1913）の大晦日には穴守線は海老取川を越えて穴守稲荷の鳥居前まで800メートル延長。新たな穴守駅は名実ともに穴守稲荷の最寄り駅となった（もとの穴守駅は稲荷橋駅に改称）。参詣が便利になったことで穴守稲荷の人気はさらに沸騰。同じ大正2年（1913）には穴守が歓楽街を象徴する三業地《さんぎょうち》（花街）に指定されている。当時、東京府下で三業地に指定された場所は、神楽坂《かぐらざか》や四谷（荒木町《あらきちょう》）など30ほどしかなかった。現状追認の意味合いが大

明治以降、東京近郊の行楽地としてめざましい発展を遂げた羽田の最盛期の姿。飛行場には短距離滑走路が1本だけ。昭和11年（1936）撮影の「地理院地図」の空中写真に加筆。

終戦直後、羽田を大規模な米陸軍航空基地にするべく、住民を強制退去させて拡張工事が開始された。昭和21年（1946） 2月撮影の「地理院地図」の空中写真に加筆。

きかったが、芸者衆を揚げて、毎晩賑やかな宴会が繰り広げられていたのである。

昭和2年（1927）には、糀谷《こうじや》4丁目に羽田競馬場が開場。ここは問題が起きたらしく1年余りで閉鎖されるが、昭和7年（1932）に新たな土地に移転して再開場。売り上げ全国一を記録するなど人気を博した。

羽田が行楽地として発展を遂げた昭和初期、海に突き出した平坦地という土地の特性が、脚光を浴びることになる。水上機が主流だった民間飛行場の好適地として羽田に飛行場建設が決まったのである。鴨猟場《かもりょうば》（旧福岡藩主黒田侯爵家や地元の料亭の猟場があった）の北16万坪（約53万平米）の埋立地が飛行場用地に充てられることになった。

逓信省航空局所管の東京飛行場が羽田に開場するのは、昭和6年（1931）8月。開設当時の飛行場は水上機主体で、長さ300メートル、幅15メートルの滑走路が1本あるだけだった。

昭和13年（1938）12月には、京浜電鉄の運動場用地を買収して飛行場用地が約1・4倍の約22万坪（約73万平米）に拡張され、昭和14年（1939）3月に工事が完成している。長さ800メートル、幅80メートルの滑走路2本が、東西方向と南北方向に建設された。

東京瓦斯《ガス》電気工業を前身とする日立《ひたち》航空機羽田工場や立川《たちかわ》飛行機製作所傘下の東京飛行

機製作所も飛行場に隣接して操業を開始。航空機産業の拠点としての地歩を固めていく。

昭和16年（1941）10月には民間専用飛行場として運営されてきた東京飛行場に霞ヶ浦海軍航空隊東京分遣隊が設置され、赤とんぼと呼ばれた練習機が飛び交うようになった。

昭和12年（1937）秋を最後に競馬が行なわれなくなった羽田競馬場の跡地の13万3000坪（約44万平米）という広大な敷地には、日本最大の一貫特殊鋼工場を目指した日本特殊鋼羽田工場が昭和16年（1941）に操業開始。戦車部品や航空機のシリンダーなどが生産されたという。戦時中は連日のように陸海軍の関係者が工場を訪れ、わが方の製品を早くとせかしたらしい。

その一方、娯楽地区としての羽田は、賑わいを失う。料理屋は軍需工場の食堂となり、温泉旅館は社員寮に姿を変えた。行楽や参詣客で賑わった穴守線は、軍需工場の通勤路線に変貌していく。羽田界隈には、日本特殊鋼のほかにも、荏原製作所《えばらせいさくしょ》、明電舎《めいでんしゃ》、大谷重《おおたにじゅう》工業《こうぎょう》などの大工場が次々進出していたのである。

羽田が激変するのは、昭和20年（1945）の終戦である。降伏文書調印からまもない9月12日、連合国最高司令官総司令部（GHQ）は、羽田の東京飛行場の引き渡しを求めた。そして運命の9月21日を迎える。進駐したアメリカ軍は緊急命令を発した。海老取川以東の羽田鈴木町、羽田穴守町、羽田江戸見町の三つの町に居住する全住民（約1200世帯、約3000人）に、48時間以内に立ち退くようにという有無をいわせぬものだった。羽田鈴木町には羽田第三国民学校があったが、海老取川の西側の羽田第一国民学校（現在の羽田小学校）への統合を余儀なくされている。

立ち退きは穴守稲荷も例外ではなかった。御神体や神宝などほんの一部を除いて社殿はもとよりおびただしい鳥居や石灯籠、狐像などもそのまま残され、やがて本格化した空港拡張工事で埋め立てられてしまった。羽田競馬場跡に建設された日本特殊鋼羽田工場も撤去が命じられ、設備や機材を大森工場などに移転している。軍需工場だったため、機密が漏れぬよう徹夜で書類や資料を焼却したという。

穴守線はどうなったのか。住民が退去して立ち入りできなくなったため、9月27日に稲荷橋〜穴守間の運転を取りやめ、京浜蒲田〜稲荷橋間の上り線は連合軍に接収された。接収された上り線は、京浜電鉄の軌間1435ミリから狭軌の1067ミリに改軌され、翌年10月には京浜東北線の蒲田駅から線路が敷設されている。浜川崎機関区所属のC11蒸気機関車などによって工事資材や航空機燃料が運ばれたようだ。

昭和20年（1945）11月、アメリカ第808飛行場建設部隊は、羽田の拡張工事を開始する。海老取川以東をすべて空港用地としたため、面積は従来の約3・5倍の約79万坪（約260万平米）に増加している。

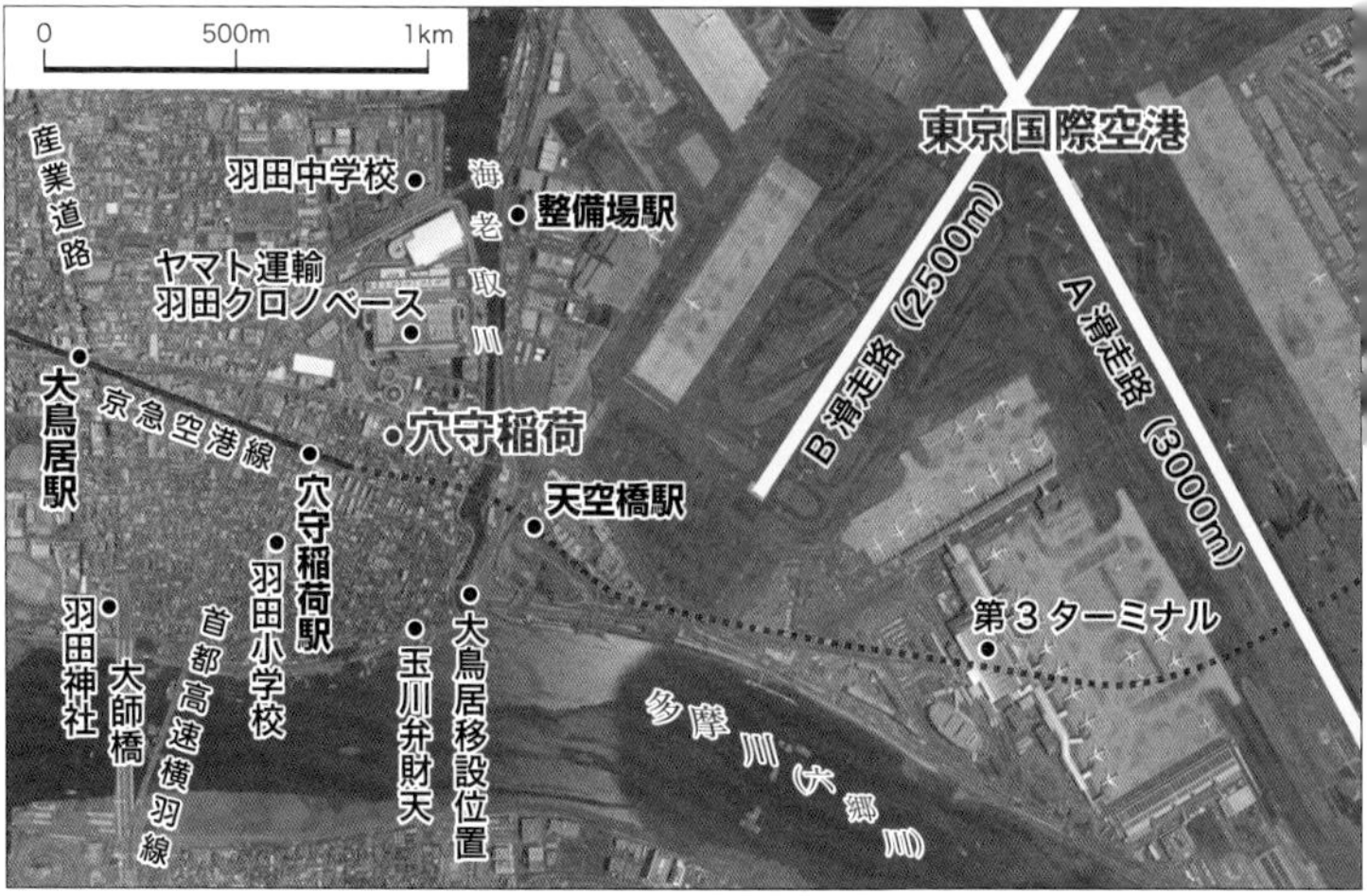

1980年代から約20年かけた拡張工事で、空港の面積は4倍以上に拡大。滑走路も4本備える。空港ターミナルビルに京急空港線と東京モノレールが乗り入れる。最新の「地理院地図」の空中写真に加筆。

家屋などがブルドーザーで次々と破壊されるなか、唯一残ったのが、穴守稲荷の一の鳥居（大鳥居）である。撤去しようとした際に事故が起きるなどしたため、あきらめたという説もある。結局この大鳥居は、唯一戦前の羽田を物語る記念碑のように、空港ターミナルビル正面の駐車場にぽつんと残された。

ハネダ・エア・ベースと名を変え、第一期工事が終了した昭和21年（１９４６）６月、A滑走路２１００メートル（幅45メートル）、B滑走路１６５０メートル（幅45メートル）の２本のアスファルト舗装された滑走路をもつ飛行場へと面目を一新した。

講和条約発効直後の昭和27年（１９５２）７月１日、空港施設はようやく日本側に一部返還された。この日から東京国際空港となり、京浜蒲田～稲荷橋間の穴守線上り線も連合軍から返還され、11月1日から7年ぶりに複線運転が再開された。ただし稲荷橋以東の路線は復活しなかった。

昭和28年（1953）には日本航空による国際定期便が就航し、各国の航空会社による国際便が続々就航。京浜急行が「羽田空港駅」を開設したのは、航空新時代の追い風を受けたからであろう。ただ、羽田空港駅はもとの稲荷橋付近で、昭和30年（1955）に完成したターミナルビルは駅から遠く離れており、連絡バスに乗り換える必要があった。

東京オリンピック開幕前、京浜急行は外国人旅客の増加を見込んで、運輸省から空港乗り入れの打診を受けた。一時は地下線として復活が検討されたというが、会社は京急本線の輸送強化を優先する。当時は列車の混雑が常態化・深刻化していたのだ。

ターミナルビルに乗り入れる東京モノレールが昭和39年（1964）に開業すると、京急の羽田空港駅は乗客が激減。品川から空港線に乗り入れる列車も昭和43年（1968）に廃止された。昭和46年（1971）1月には、旧穴守までの免許も失効している。

皮肉なことだが、京急が再び羽田空港乗り入れの検討を始めたのは、免許失効翌年の昭和47年（1972）だった。管轄する運輸省や東京都に対して積極的な働きかけを行なったが、オリンピック前に羽田乗り入れを断った経緯からであろう、当局からは意趣返しともいえる門前払いを受けたという。「京急は空港に入る権利はない」というのである。

だが、航空機利用が一般化するにつれて羽田空港の利用者は爆発的に増加。国際線を千葉県成田《なりた》市周辺の新東京国際空港（現在は成田国際空港）に分離して国内便専用空港になった後も、利用者は増えつづけた。こうして1980年代、羽田空港の空港機能を拡張するため、沖合を埋め立て、ターミナルビルや滑走路を再構築する計画が始まる。そのなかで空港へのアクセスの改善も図られようとしていた。当時、空港アクセスは東京モノレールや都心ターミナル駅からのリムジンバス頼みだったが、輸送力は小さく、拡張性に乏しかった。その点、鉄道の輸送力は圧倒的である。京急はこの計画に合わせて空港ターミナルへの乗り入れを企図。拡張を進める国と京急の利害は一致し、ようやく羽田空港乗り入れが認められたのである。

平成5年（1993）に羽田駅（現在の天空橋《てんくうばし》駅である）が空港敷地内に開業し、都心からの直通運転が実現。この時点では先行して新ターミナルビルに乗り入れていた東京モノレールへの乗り継ぎ駅という不完全なかたちだった。だが、平成10年（1998）に羽田空港駅（現在の羽田空港第1・第2ターミナル駅）が開業して新しいターミナルビルに直結すると、東京モノレールの利用者数を抜き、羽田空港へのアクセス路線のトップランナーの地位に就いた。羽田に最初に鉄道が建設されてからほぼ100年。大河ドラマでもつくれそうなほど、長い道のりだった。

14 なぜ常磐線は日暮里から急カーブを描いているのか？

「汽笛《きてき》一声《いっせい》新橋《しんばし》を」で始まる鉄道唱歌を誰しも聞いたことがあるだろう。50代以上の人であれば、学校などで一度は歌った、あるいは歌わされた経験があるのではないだろうか。鉄道唱歌は東海道本線だけと思いきや、そうではなかった。最初の鉄道唱歌が好評を博し、作者の大和田建樹《おおわだたけき》は各地の風物を取り入れた鉄道唱歌を次々と作詞していったのである。『鉄道唱歌　奥州《おうしゅう》・磐城《いわき》篇』は、国内最大の私鉄だった日本鉄道の奥州線と磐城線、つまり現在の東北本線と常磐線を謳い込んでいる。1番から42番で始発駅の上野から終着駅の青森へ、さらにその先の弘前《ひろさき》までたどり、つづく43番から64番で常磐線の終点の岩沼《いわぬま》からの帰路を楽しむ趣向だった。62番の歌詞は「車輪《しゃりん》のめぐり速《すみやか》に千住大橋《せんじゅおおはし》右に見て環《たまき》の端《はし》の限《かぎ》りなくふたゝびもどる田端驛《たばたえき》」である。常磐線で帰ってきたのは、常磐線が分岐する日暮《にっぽ》里《り》ではなく田端なのだ。これはどういうことであろうか。

　そして、常磐線の日暮里駅からの分岐がちょっと変なのである。１３０度も曲がっているのだ。日暮里～三河島《みかわしま》間には一部半径２５０メートルの曲線があるが、これは常磐線の線路規格である最小８００メートル（やむを得ない場合は４００メートル）という規定からい

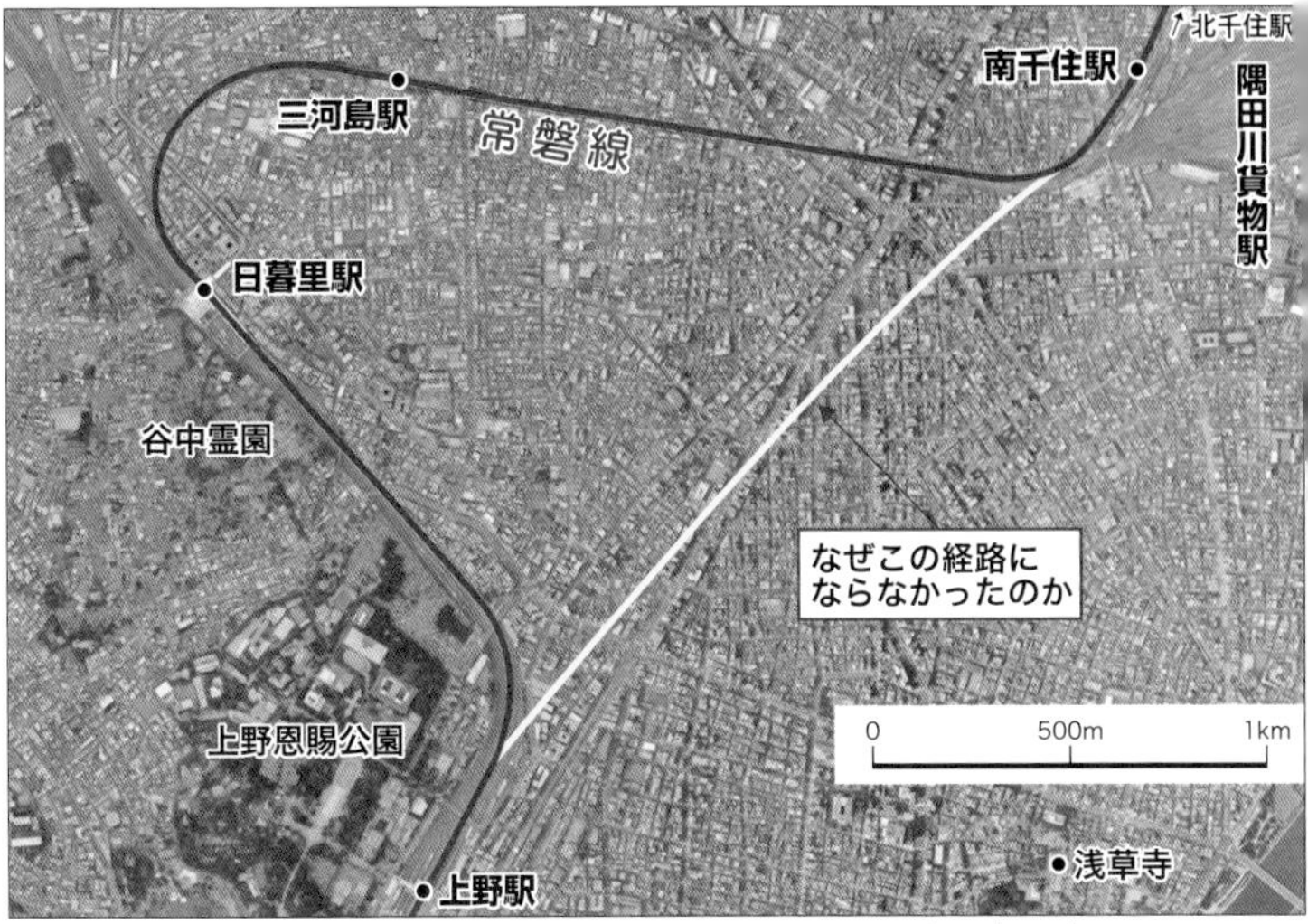

上野から南千住に直行すれば距離は半分以下で済むのに、なぜわざわざ大回りしているのか。最新の「地理院地図」の空中写真に加筆。

日暮里駅から三河島駅にかけての3D画像に加筆。西から東を眺めている。半径250mを含む急曲線がつづき、しかも京成線の下をくぐった後に貨物線を跨ぐ関係で最大15パーミルの勾配となる。そのため時速55キロに速度制限されている。©2023 Google

ずれも逸脱している。都内のＪＲ線で半径２５０メートルの曲線の線路はここ以外には存在しない。日暮里〜三河島間の一部に時速55キロの速度制限が設定されているのも至極当然といえるだろう。

常磐線の成り立ちは複雑である。江戸と水戸《みと》の間には水戸街道が整備されていたのだが、鉄道整備は水戸《みと》鉄道（現在の水戸線）を通じて、日本鉄道奥州線の小山《おやま》から水戸に到達する変則的な形をとった（『妙な線路大研究　首都圏篇』参照）。その後、日本鉄道が水戸鉄道を買収して、水戸鉄道との分岐に友部《ともべ》停車場を設置し、友部以南に土浦《つちうら》線を建設。明治29年（１８９６）に田端〜友部間が全通し、田端〜水戸間の一体運行が可能になる。このとき田端〜隅田川間の貨物線である隅田川線も開通している。さらに明治31年（１８９８）には水戸以北に建設が進んでいた磐城線が日本鉄道奥州線との分岐の岩沼まで全通。明治34年（１９０１）には、土浦線・隅田川線・磐城線全線と水戸線の一部（友部〜水戸）を統合して海岸《かいがん》線と改称している。現在の常磐線の誕生である。土浦〜水戸間の常磐線経路が不自然なＬ字形をしているのはこうした経緯が影響していた。

もともと常磐線は石炭輸送など物流を主目的としており、田端を経て、山手線経由で新橋や横浜方面と結ばれていた。こうすることで、品川、新橋や、横浜方面と直結していたからである。しかし海岸線が誕生すると、小山経由より近いこちらの経路が都心連絡に有

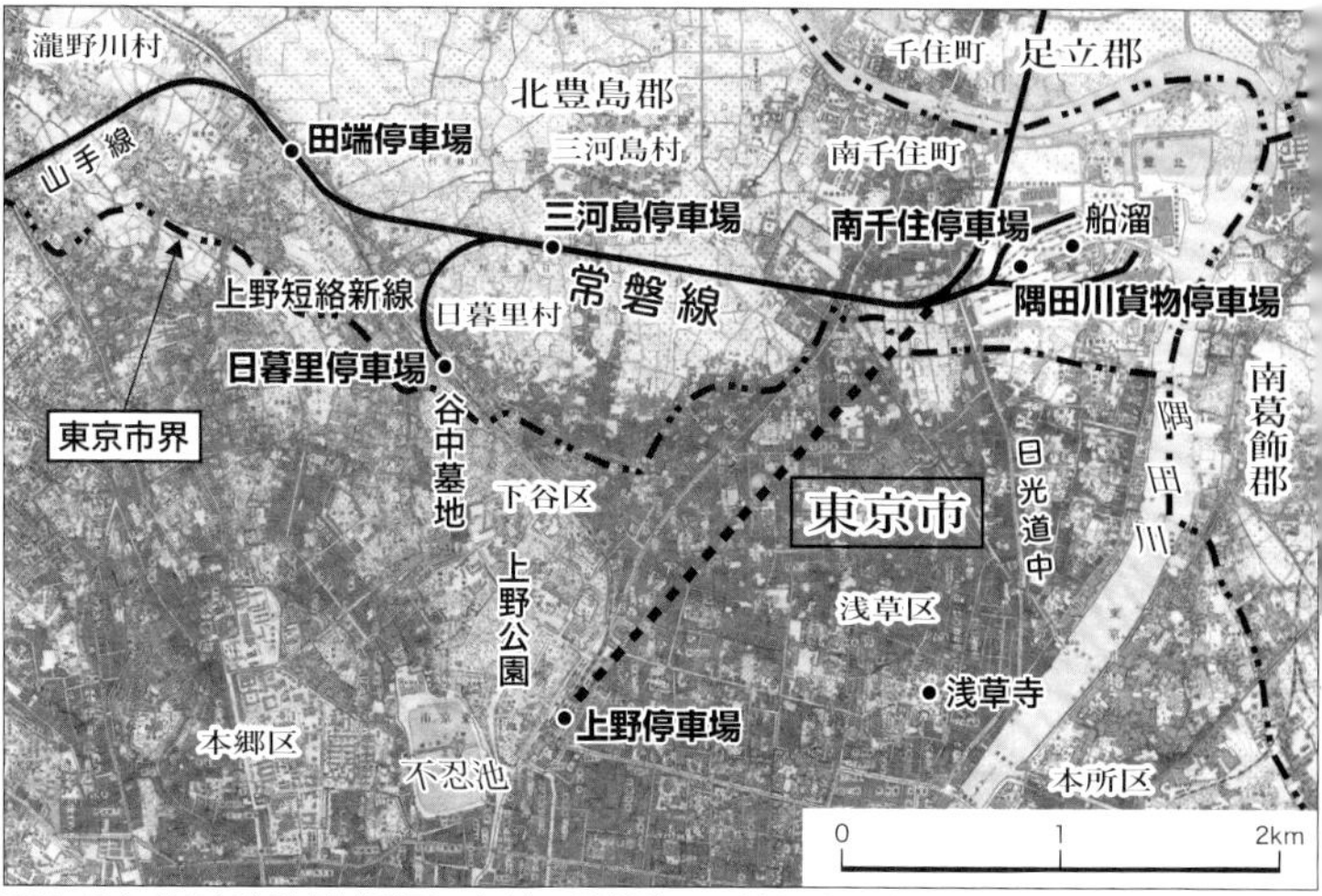

明治43年（1910）発行地形図に加筆。常磐線は田端経由で山手線に乗り入れて、品川方面に向かっていた。日暮里回りの上の短絡新線ができたのは9年後。「東京時層地図」より。

利と判断され、上野に乗り入れるために田端でいちいちスイッチバックしていた不便さを解消するべく、明治38年（1905）に日暮里〜三河島間が新規に開業している。

むろん、日本鉄道が南千住から上野に直行する経路を考えなかったはずはない。ところが上野〜南千住直行案は、高架線でなければ免許が下りないことが判明する。おそらく市区改正委員会（33ページ参照）の横車であろう。結局、高架線は莫大な費用がかかることから断念し、地上線で建設可能な、規制の緩い東京市外の経路を選択。その結果が日暮里〜三河島の上野短絡新線だったのである。

常磐線の日暮里〜三河島間が、日暮里駅構内も含めて当時の東京市から巧妙に外れていることは、この説を裏付ける証といえるだろう。

15

なぜ尾久駅だけぽつんと離れているのか？

尾久《おく》駅というのは不思議な存在である。ひと駅だけ孤立して離れている。この駅が開設されたのは昭和4年（1929）。東北本線の列車線が分離されたことによる。こう書いてしまえば一丁上がりになるかもしれないが、もやもやしたものが残る。

田端〜王子《おうじ》付近の東北本線は、もともと現在の東北新幹線の高架橋付近を通っていた。尾久操車場は、上野駅で行なわれていた客車の整備作業が列車の増加や上野駅拡充などのため、上野駅外に移す必要に迫られ、瀧野川町《たきのがわまち》大字中里《なかざと》（旧中里村）にあった、貝塚《かいづか》と呼ばれていた低湿地をおよそ7万坪（約23万平米）埋め立てて造成したものである。大正13年（1924）に貝塚信号所として開設され、当初は王子経由で回送列車が運転された。運営が軌道に乗った大正15年（1926）には貝塚操車場と改称し、上野にあった検車区を現地に移設し、日暮里との間に回送線を新設。昭和2年（1927）には上野まで延長されている。昭和4年（1929）6月20日には尾久操車場と改称し、操車場内に尾久客車区が設置されている。この日から東北本線の列車線と電車線（現在の京浜東北線などに相当）の分離運転も実施されている。尾久駅が新設されたのも、まさしくこの日だった。古

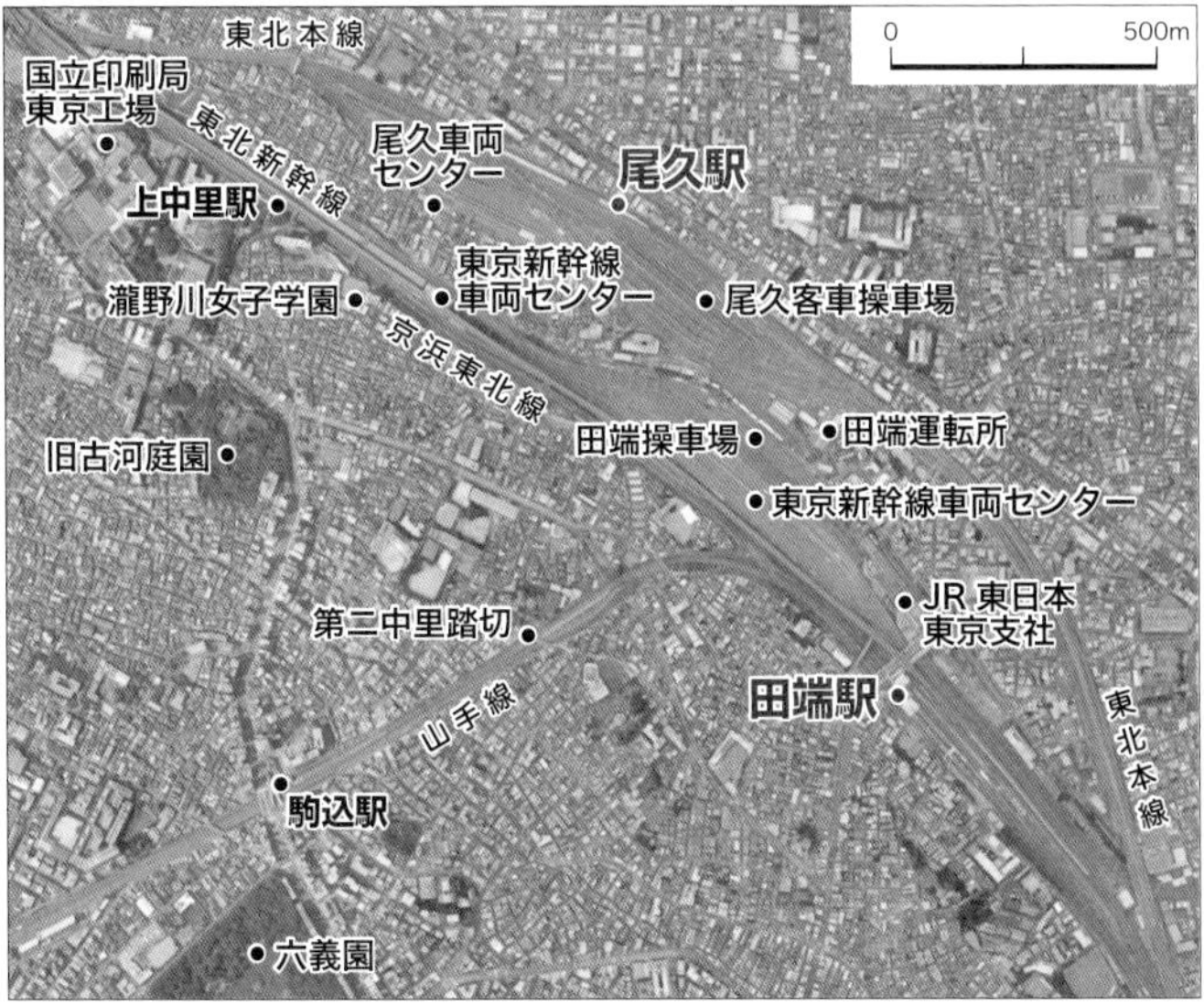

宇都宮線か高崎線の列車に乗車しないと尾久駅にたどり着くことはできない。尾久駅付近は鉄道施設だらけといって過言ではない。「地理院地図」の空中写真に加筆。

くからの地元の読みである「おぐ」を無視して、「おく」に変えてしまったのは、いかにも当時のお役所仕事らしい。

『新修北区史』の表現を借りるなら、「尾久駅は田圃の埋立地のなかにぽつんとできて、創立当初はよしきりが鳴くほどだった」という。

尾久駅は旧尾久町《おぐまち》の外に立地しているが、地元住民から尾久駅開設を求める声が挙がったなどという記録は見当たらない。尾久操車場で働く鉄道職員の通勤の便に配慮して開設された事情が大きかったのではないだろうか。

尾久《おぐ》には大正3年（1914）に温泉（当時の言い方を借りれば「ラジウム鉱泉」）が掘り当てられ、活気を見せていた。昭和2年（１９２７）には三業地に指定されたほどで、花街として栄えた様子がうかがえる。猟奇的犯罪として今も語られる昭和11年（１９３６）の阿部定《あべさだ》事件は、尾久三業地の待合《まちあい》が惨劇の舞台だった。ただ、尾久三業地は尾久駅からは1キロから１・５キロほど北東に離れており、はたして花街の最寄り駅として機能したかどうかは疑わしい。

　妙な線路という点では、尾久～日暮里間も不思議である。上野駅を発車した東北本線（JR発足後、宇都宮線という愛称で運転）の列車が、最初に停車するのが尾久駅だ。ところが昭和52年（１９７７）まで、上野を出た東北本線の列車は、日暮里駅に停車していた。日暮里の次の停車駅が尾久だった。ところが東北新幹線工事が始まると、新幹線の用地を捻出するため、東北本線ホームが廃止されてしまうのである。このため、尾久駅利用者が日暮里駅に行く場合（その逆も）、いったん上野に出なければならなくなった。もし乗車距離に応じて運賃を払うとすれば、６・９９０キロとなり、１７０円（券売機利用の運賃。以下同じ）かかることになる。ところが、尾久～日暮里間の運賃は、東北本線ホーム廃止から半世紀ちかく経った今でも１４０円の初乗り料金で乗車できる特例が設けられている。尾久～上野や尾久～赤羽の運賃が１７０円なのに、乗車経路で見ればずっと距離の長い尾久～日暮里が１４０円なのは、かつて日暮里駅に東北本線が停車し、尾久～日暮里間の営業キロが２・５５０キロという歴史的経緯があったからだ。そういういきさつがあるからだろう、現在でも時刻表（ＪＴＢ時刻表、ＪＲ時刻表ともに）巻頭の索引地図では、東北本線が停車しないのに尾久回りの東北本線も日暮里に停車可能に見える表記がなされている。

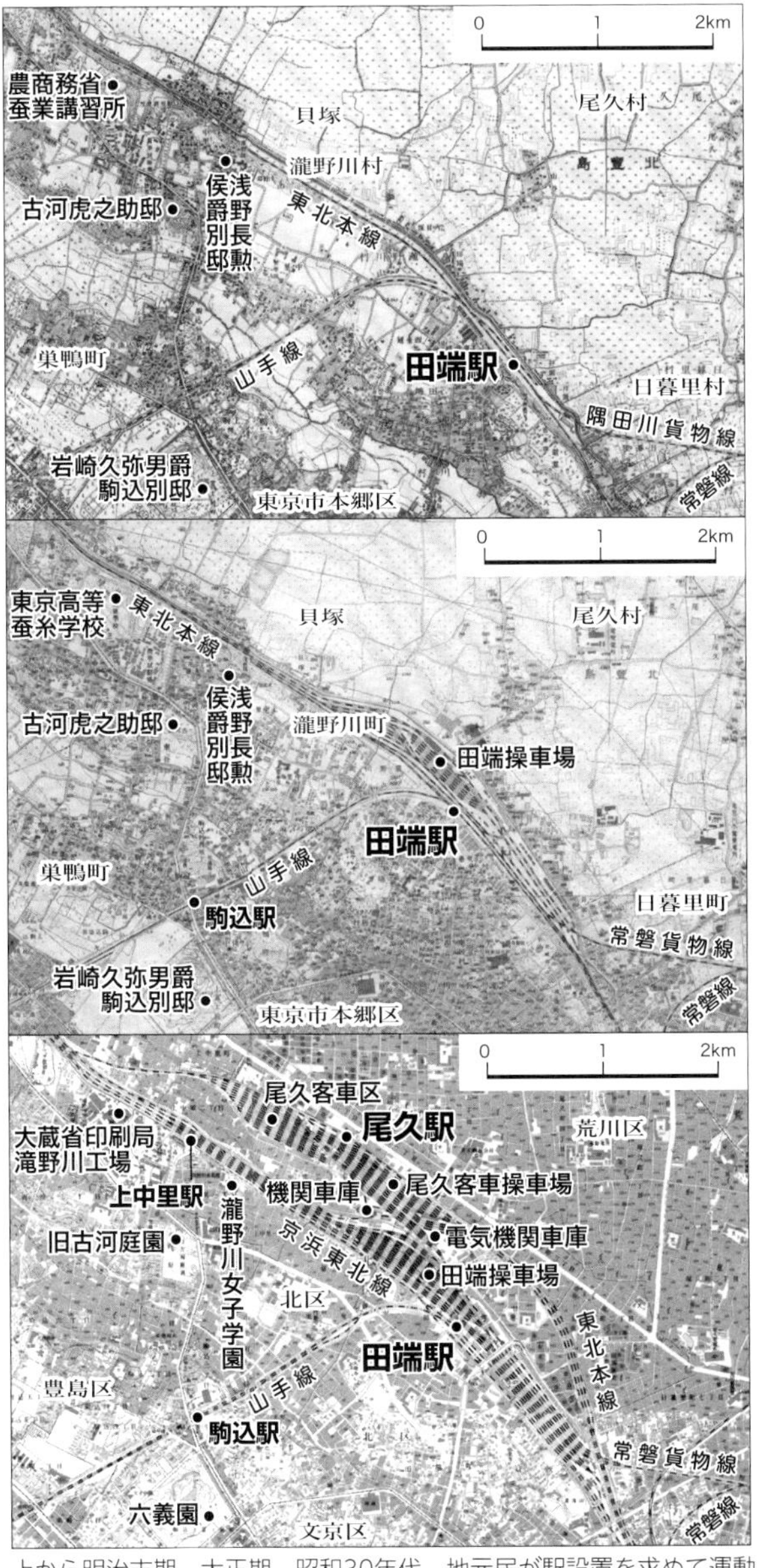

上から明治末期、大正期、昭和30年代。地元民が駅設置を求めて運動した結果、昭和8年（1933）に上中里《かみなかざと》駅が開設。「東京時層地図」より。

16

なぜ湘南新宿ラインは池袋〜赤羽間を迂回するのか？

「湘南新宿《しょうなんしんじゅく》ライン」だの「上野東京ライン」だの、21世紀の首都圏のＪＲ線は、名前だけではどこを走るのか判別しづらい列車が増えている。鉄道会社を複数跨いだ相互乗り入れも一般化し、沿線利用者以外にとっては、なにがなにやらという感じである。利便性を認めることはやぶさかでないが、「○○線」だけで運行経路が理解できた時代を懐かしむのを年寄りの頑迷と笑い飛ばせるだろうか。

さて、湘南新宿ラインとは平成13年（２００１）に誕生した運転系統である。東北線（宇都宮線）・高崎線と東海道線・横須賀線とを新宿経由で結びつけている。都心から放射状に運転される大半のＪＲ主要線の運転系統とは異なり、郊外から都心を経由して別方面の郊外へと直通運転されている。

こういう運転系統がこれまでなかったわけではない。たとえば三鷹《みたか》〜千葉間を直通運転する中央・総武緩行《かんこう》線や、横須賀線と総武線を結ぶ横須賀・総武快速線は、郊外〜都心〜郊外という運転系統だ。ただし、中央・総武緩行線や横須賀・総武快速線の運転経路が固定されているのに対し、湘南新宿ラインは、従来の東京駅を発着する「東海道線」「横須

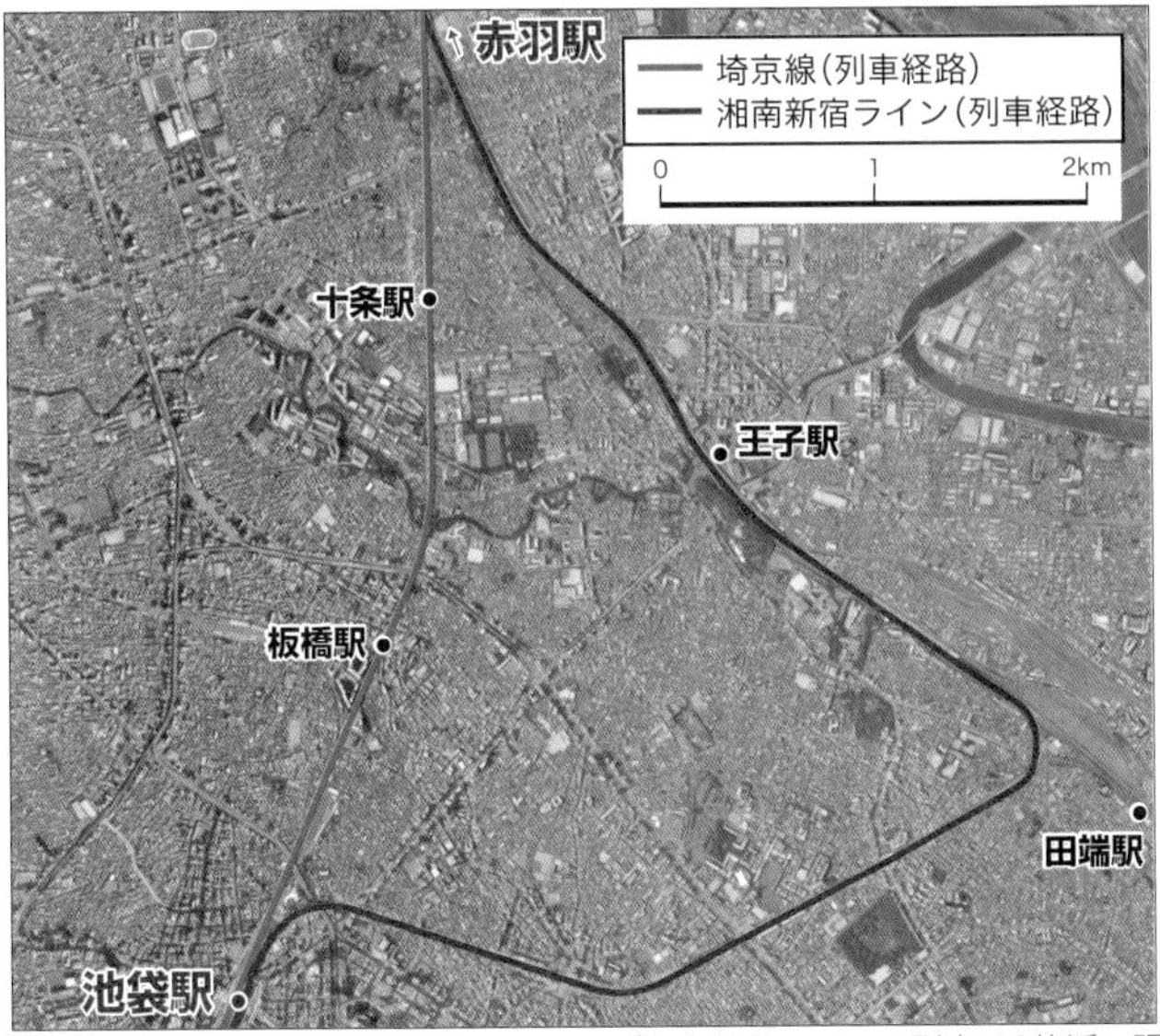

途中駅に停車するわけでもないのに、なぜ湘南新宿ラインの列車は2倍近い距離をかけて池袋〜赤羽間を大迂回しているのか。「地理院地図」の空中写真に加筆。

賀線」の列車運行形態、あるいは上野駅を発着する従来の「宇都宮線」「高崎線」の運転系統を残したまま、新規の運転系統を誕生させた点が新しい。

さらに湘南新宿ラインをわかりにくくしているのは、運転系統が一つではないことだ。ただし規則性はある。高崎線に乗り入れる列車は必ず東海道本線に乗り入れて高崎〜小田原を結び、東北線（宇都宮線）に乗り入れる列車は横須賀線に乗り入れ、宇都宮〜逗子《ずし》を結んでいる。

もう一つ。湘南新宿ラインで不可解なのは通過経路である。埼京線《さいきょうせん》（埼京線という鉄道路線は正式な線路名称上には存在しない。京浜東北線などと同様、あくまで運転系統としての名称である）と湘南新宿ラインの列車は、大崎《おおさき》から池袋まで同じホームを共用している。両方とも山手貨物線の線路を使用しているからだ。池袋から赤羽《あかばね》までの最短経路は赤羽線（池袋～十条《じゅうじょう》～赤羽の区間。現在は埼京線と通称されることが多い）経由で、埼京線はこの経路で赤羽へと向かう。

ところが湘南新宿ラインの列車は、最短経路の赤羽線を通らず、池袋から山手貨物線経由で東に向かい、駒込の先の中里トンネル（11ページ参照）を通って王子経由で赤羽に向かうのである。池袋～赤羽間の運転区間の距離を比較すると、埼京線が5・5キロなのに対し、湘南新宿ラインはおよそ10キロ。2倍ちかく長い。所要時間で比較すると、埼京線が途中駅に停車しながら8分ほどで到着するのに対して、湘南新宿ラインは無停車でも10分かかる。湘南新宿ラインが池袋～赤羽間の途中駅（たとえば王子駅）に停車するなら迂回経路も理解できるのだが、どこにも停車しない。時間もかかるし、電力も消費する。無駄な遠回りにみえてしまうのだ。なぜ池袋～赤羽間をわざわざ迂回しているのだろう。

その秘密は、大宮以北の経路と途中の停車駅の構造にあった。そして根本原因は、埼京線の線路が、大宮駅で高崎線・東北線（宇都宮線）と接続していないからだった。

どういうことか、説明しよう。埼京線の列車は、池袋～赤羽を赤羽線で通過し、赤羽～大宮間を東北新幹線に並行して建設された在来新線（東北本線支線。埼京線と通称）を通る。大宮から先は川越《かわごえ》線に乗り入れ、川越駅まで直通運転している。一方、湘南新宿ラインは、池袋～大宮間を山手貨物線と東北貨物線（東北本線の列車と並行する複線の貨物線）を使用し、大宮から先は高崎線もしくは東北線（宇都宮線）を通る。

川越線に乗り入れる埼京線の列車が発着するのは大宮駅の地下ホーム（川越線ホーム）で、湘南新宿ラインが到着するのは、高崎線・東北線（宇都宮線）と同じ地上ホーム。埼京線と湘南新宿ラインの線路が接続されていないから、もし池袋から赤羽線を通った場合、大宮駅で高崎線・東北線（宇都宮線）方面には行けないのである。

では赤羽駅はどうか。実は赤羽駅構内の線路も、埼京線の列車と湘南新宿ラインの列車が交差できる分岐（ポイント）が設定されていない。

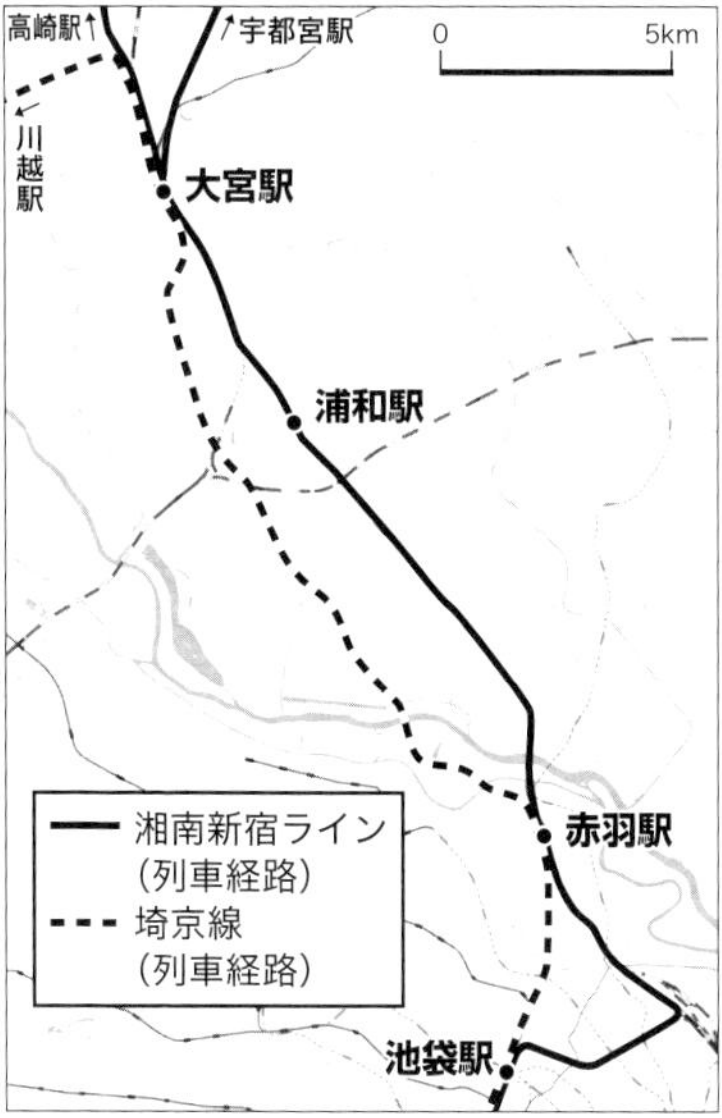

湘南新宿ラインの池袋～赤羽間を遠回りしている謎を解く鍵は、赤羽以遠の列車経路に隠されていた。「地理院地図」に加筆。

つまり、埼京線と湘南新宿ラインの大宮以北の運行経路が異なり、なおかつ途中駅の大宮駅と赤羽駅の線路構造が相互乗り入れ不可能なため、湘南新宿ラインは赤羽線を通ることができず、東北貨物線を通って迂回するほかないのである。

17

なぜ赤羽駅は東京の北のターミナルになったのか？

赤羽駅といえば、宇都宮線、高崎線、埼京線、湘南新宿ライン、上野・東京ラインの列車がすべて停車する東京北部の一大ターミナルである。また、停車こそしないものの、駅構内を東北新幹線が通っている。

ところが最初に鉄道が通ったとき、赤羽には停車場がなかった。赤羽が発展したのは、瓢簞から駒のような出来事がいくつも重なった結果である。

東京北部を通る最初の鉄道は、東京～京都間を中山道《なかせんどう》沿いに結ぶ幹線の一部として建設されている。中山道幹線と呼ばれたほどだが、実際には浦和《うらわ》以南の区間については、必ずしも中山道沿いとはいえない位置に線路を敷設されている。おそらくそこには二つの理由があったと考えられる。

一つは地形の問題。旧中山道は崖線上の高台を通っており、荒川べりに出る際、落差20メートルにおよぶ急な崖を切り通す大工事が避けられなかった。この急崖を避け、最初から崖線の下を通したほうがずっと工事が楽に進められる。こうした点から崖下を通る路線が選択されたのではないだろうか。

明治43年（1910）発行地形図に加筆。宿場として栄えた岩淵本宿ではなく、なぜ赤羽に停車場が開設されたのか。停車場開設後、陸軍施設が都心から続々移転。「今昔マップ」より。

二つ目は、荒川舟運《しゅううん》で栄えていた川口《かわぐち》に立ち寄ろうとした点である。子細に線形を観察すると、河川を直交して渡る当時の鉄道建設の原則を守りつつ、最大限川口に線路を近づける配慮を見せているのである。

ただしこれにはカラクリがあった。川口が河港だったことから、あくまで鉄道建設資材の荷揚げ港として期待されたのである。停車場誘致運動が展開されたにも拘らず、鉄道が開通しても川口町《まち》に停車場は開設されなかった。理由は定かでない。

この付近の鉄道が中山道沿いを避けたために最も割を食ったのが戸田《とだ》だった。戸田は、中山道の戸田の渡しで栄えた集落だが、明治時代に鉄道が通らなかったため、発展から取り残された。戦後はベッドタウンとして人口が増加し、昭和41年（1966）に市制施行して戸田市となるが、市内を鉄道が通るのは、昭和60年（1985）の埼京線開業までまたねばならなかった。埼京線開業直後から戸田市の人口は急増しており、地域発展の起爆剤としての鉄道の力を痛感する。

では、赤羽付近はどうだったか。江戸時代の赤羽（赤羽根村《あかばねむら》）には日光御成道《にっこうおなりみち》（岩槻《いわつき》街道）と呼ばれた将軍の日光社参に使用される主要街道が通っていた。ところがその宿場は赤羽ではなく岩淵《いわぶち》に置かれた。鉄道が通っていない時代、集落は街道の渡船場付近に形成された。川口を結ぶ渡船が出ていた岩淵がこのあたりの中心だったのである。鉄道開通前の赤羽は街道沿いの村落の一つにすぎなかったのだ。

その証拠が赤羽駅の開設時期である。上野〜熊谷《くまがや》間の日本鉄道第一期線が開通したのは明治16年（1883）7月だが、途中駅は王子・浦和・上尾《あげお》・鴻巣《こうのす》のみだった。明治18年（1885）3月に赤羽に停車場が開設された理由は、品川までの新線（当時の名称は品川線。現在の山手線西部と赤羽線）がこの地から分岐したためだった。

赤羽は鉄道駅が開業して大きく発展を始める。交通の便が改善したためだろう、駅の西側の丘には、明治20年（1887）に近衛工兵隊《このえこうへいたい》の兵舎が建設されたのを皮切りに、陸軍施設が次々と開設されていった。明治22年（1889）に町村制が施行され、明治の大合併と呼ばれる町村の合併が一斉に行なわれると、北豊島《きたとしま》郡でも岩淵本宿町《いわぶちもとじゅくまち》・赤羽根村・

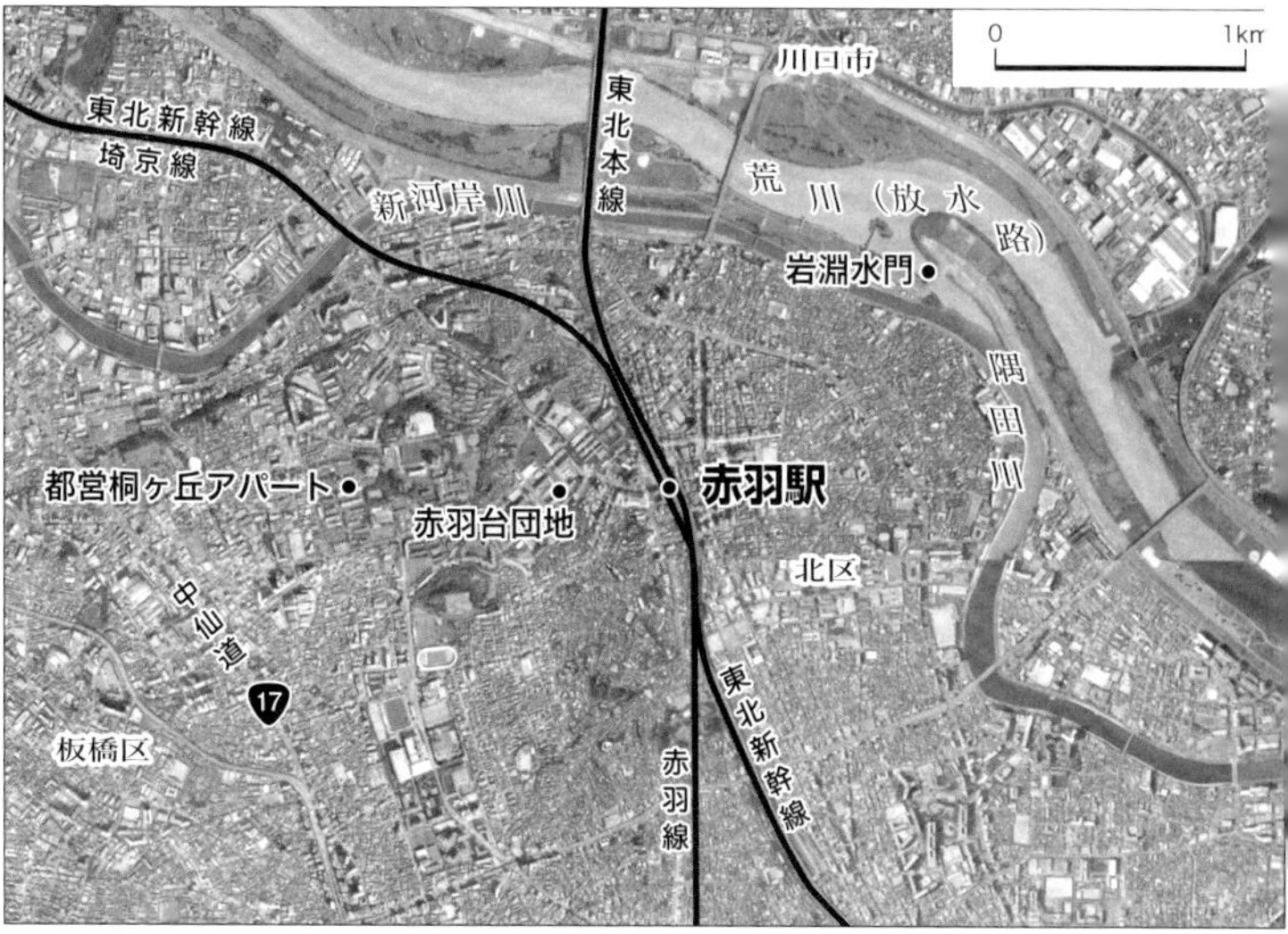

現在の赤羽周辺。埼京線開業後、赤羽駅の重要性はさらに増した。戦前の軍用地は団地や公園、スポーツ施設などに転換している。「地理院地図」の空中写真に加筆。

稲付村《いねつけむら》・袋村《ふくろむら》・下村《しもむら》・神谷村《かみやむら》の6町村が合併して新たな行政区域を設置することになった。

当初は停車場のある赤羽の名で決まりかけていたのだが、岩淵本宿が反対した。「岩淵領」という地域名が古くからあり、日光御成道の宿場として岩淵の名が知られているという理由だった。町を名乗っていたのも岩淵本宿だけだった。結局主張が通り、新たな町の名は岩淵町《いわぶちまち》となった。昭和7年（1932）に東京市が拡大して王子区が誕生するまで、赤羽が岩淵町だったのは、そういう理由だった。

もし最初の鉄道が赤羽付近を通らなかったら、あるいは品川線が赤羽から分岐せず、赤羽駅設置がずっと遅れたら、現在の赤羽の発展はなかったにちがいない。

18 なぜ井の頭線は吉祥寺を目指したのか？

東急東横線、京王線、小田急線、西武新宿線、西武池袋線……。都心のターミナル駅を起点とする私鉄のほとんどが都心から放射状の経路をたどって郊外に延びている。ところが、京王井《けいおうい》の頭《かしら》線は奇妙だ。渋谷を起点としながら、放射状に延びる私鉄を斜め横断してJR中央線の吉祥寺《きちじょうじ》へと向かっている。放射線とも環状線とも異なる一種独特の線形はどのように生まれたのだろう。

京王井の頭線は複雑な経緯をたどって現在にいたっている。開通後の経営母体の変化だけみても、帝都《ていと》電鉄から小田原急行鉄道（小田急電鉄の前身）へ移り、戦時中の合併で誕生した東京急行電鉄の帝都線になり、戦後の東急分離過程では、小田急ではなく京王所属となり（戦前のドル箱事業だった電力供給事業と遊園地の京王閣《けいおうかく》を失い、経営基盤が弱体化した京王を救済するため、帝都線を加えたといわれる）、京王帝都電鉄（現在の京王電鉄）井《い》之《の》頭《かしら》線となった。井之頭線が井の頭線となったのは、時刻表（国鉄監修日本交通公社発行）を見るかぎり昭和30年代初めのようである。

開業後の変遷だけでもこうなのだから、開業前はさらに目まぐるしかった。

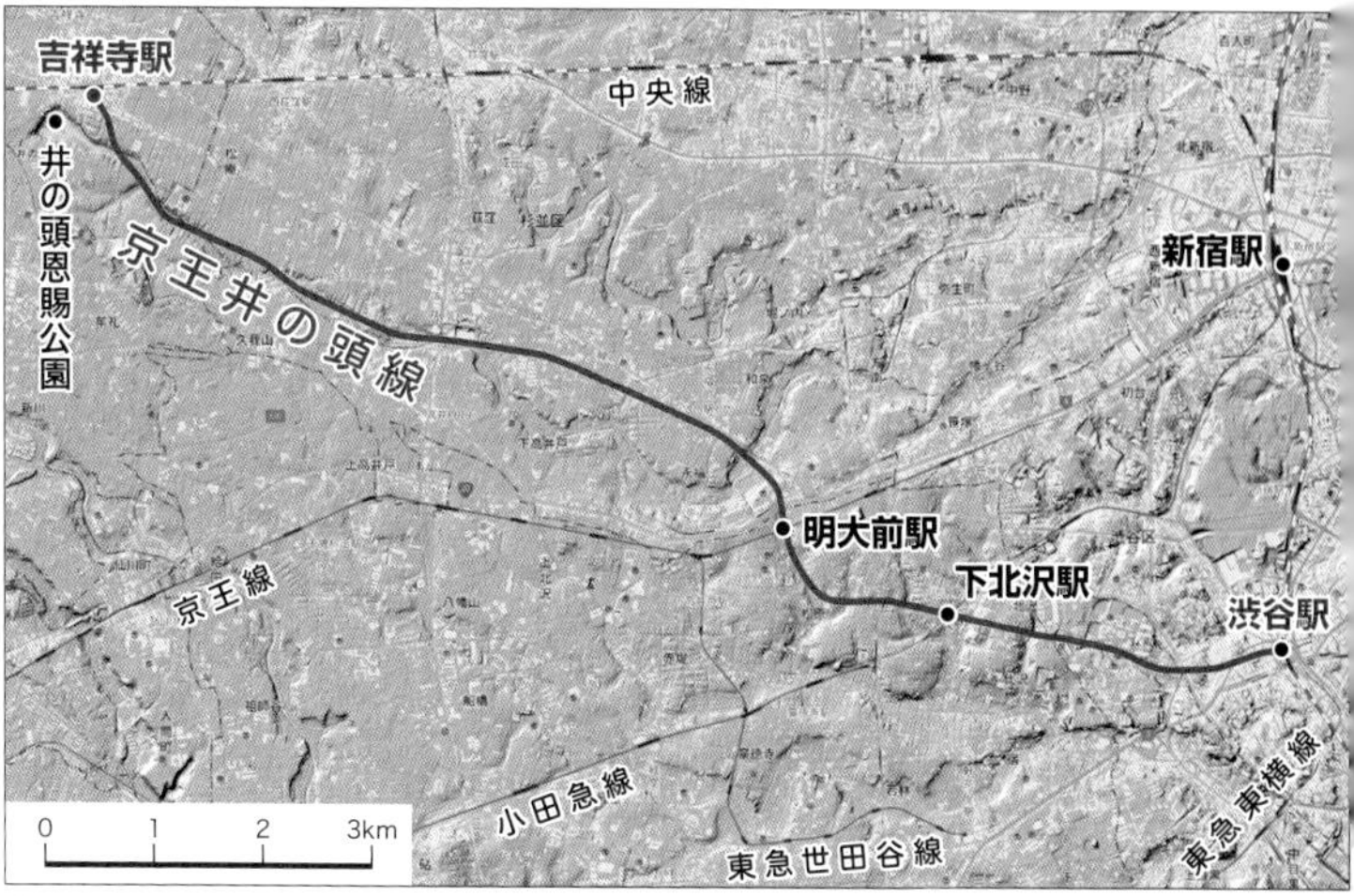

京王線や小田急線、東急東横線が都心から郊外に向けて放射状に線路を敷設しているのに対し、井の頭線はそれらの路線を横断する独特な線形をしている。「地理院地図」に加筆。

東京郊外電気鉄道（発起人総代は上倉《かみくら》俊、のち小《こ》早川常雄《ばやかわときお》が引き継ぐ）の名で豊多摩《とよたま》郡渋谷町〜北多摩郡東村山村の路線を出願したのは、関東大震災直後の大正12年（1923）11月16日。復興需要を見越したか、限りなき狭き門だった鉄道敷設認可の門戸が多少なりとも緩むことを期待したのだろう。

　これはゆえなきことではなかった。浅草・上野乗り入れを狙っていた東武鉄道はこの機を逃さず、大正12年（1923）10月19日に上野までの路線建設を出願。浅草以西の区間はすでに東京地下鉄道に認可が下りていたため上野乗り入れはかなわなかったが、現在の業平橋《なりひらはし》（当時は東武の浅草駅）から浅草（浅草花川戸《はなかわど》）までの区間に許可が下り、待望の浅草乗り入れを果たしているのである。

閑話休題。東京郊外電気鉄道の発起人総代を務めた上倉俊は鉄道技師出身で鉄道事業に明るく、群馬電力の土木課長や沼田《ぬまた》鉄道社長を歴任。東京郊外電気鉄道出願と同時期に上毛《じょうもう》電気鉄道の発起人総代も務めた。大正15年（1926）に上倉が歿すると、小早川常雄が発起人総代となる。小早川は鉄道信号システムのトップメーカーである京三製作所《きょうさんせいさくしょ》を設立した鉄道関連の電気事業者である。

吉祥寺を経て東村山を目指す経路上には、東京市立井之頭恩賜公園《いのかしらおんしこうえん》（井ノ頭・御殿山《ごてんやま》御料地が大正2年〔1913〕に東京市に下賜され、大正6年〔1917〕に開園。これ以降、皇室から下賜された公園や庭園には「恩賜」の2文字が冠せられた）と、建設中だった東京市水道の村山《むらやま》貯水池《ちょすいち》（昭和2年〔1927〕竣工）が控えていた。

両方とも東京の近郊観光地としての発展が大いに期待された場所だった。井の頭池周辺の御料地は幕政時代以来神田上水の水源涵養林《かんようりん》としての意味合いが大きかったのだが、近代水道の整備で維持する必要性が薄れていた。一方の村山貯水池は、東京市の人口増加で新たな水源として建設中の「水がめ」だった。くしくも両方とも水道に深く関連した園地だったのである。とりわけ当時の東京市境から10キロ以上も離れた井の頭池周辺が東京市立の公園として開園したことは、神田上水の長い歴史なしには考えられない。

東京郊外電気鉄道は、その後も大正14年（1925）5月28日と、昭和改元直後の昭和

2年（1927）4月19日付で却下されている。都合三度の出願を繰り返したが、昭和2年（1927）4月19日付で却下されている。その理由は、「本件ハ目下ノ交通状態ニ於テ敷設ノ必要を不認ニ依リ伺案ノ通リ処理了然」だった。大正14年（1925）の申請に際しては、不動産会社だった箱根土地の専務（実質的経営者）の堤康次郎《つつみやすじろう》も免許下付を請願している。箱根土地が所有・売買する土地の価値を上げるためという目的だろうが、当時の堤が武蔵野鉄道の大株主だったことを考慮すれば、競合関係にあった西武鉄道（武蔵野鉄道に合併されて西武鉄道を名乗る前の旧社。高田馬場《たかだのばば》～東村山を結ぶ村山線を建設中。東村山～吉祥寺の免許も保有していた）を牽制する目的もあったにちがいない。

東京郊外電気鉄道にとって致命的だったのは、すでに西武鉄道が東村山～吉祥寺間の免許を保持していたことだった。さらに同時期、若尾璋八《わかおしょうはち》（甲州財閥系の実業家。代議士）を発起人総代とする同名の東京郊外電気鉄道が新宿～吉祥寺間の鉄道を、石川幾太郎《いしかわいくたろう》（石川組製糸を創業。当時は武蔵野鉄道社長）を総代とする小金井《こがねい》電気軌道が吉祥寺～拝島《はいじま》間の鉄道をそれぞれ出願していた。関東大震災後の東京は、まさに雨後の筍のごとく、鉄道経営の実績の有無に拘らず、一山当てようと資産家たちは鉄道出願に狂奔していたのである。

東京郊外電気鉄道の出願が、昭和2年（1927）4月19日付で却下されると、すぐさま渋谷～吉祥寺間に建設区間を短縮して再出願している。その際、社名を城西電気鉄道に変更しているのだが、おそらく同名会社が存在していたことが少なからず影響していたと思われる。

経由地は、「渋谷町ヲ起点トシ駒場《こまば》大学南端ヲ過キ世田ヶ谷町《せたがやまち》、松沢村《まつざわむら》、和田堀内村《わだほりのうちむら》、高井戸村《たかいどむら》、三鷹村《みたかむら》、武蔵野村《むさしのむら》井ノ頭公園ヲ経テ省線《しょうせん》吉祥寺駅ヲ終点トスル電気鉄道」とされていた。その位置をたどると、現在の井の頭線に近似している。

城西電気鉄道は、昭和3年（1928）1月30日付で待望の鉄道敷設免許を得た。わずか10日後の2月9日には社名を渋谷急行電気鉄道と改め、7月に創立総会を開催。菅沢重雄《すがさわしげお》（千葉県出身の実業家、代議士も経験）が社長に就任する。

ところが当時の日本経済は金融恐慌の大嵐のまっただ中だった。渋谷急行電気鉄道は資金繰りにも窮する事態となり、小田原急行鉄道を傘下に収める鬼怒川《きぬがわ》水力電気に過半数の株式を譲渡して、経営を委ねることになった。こうして鬼怒川水力電気や小田原急行鉄道を経営する利光鶴松《としみつつるまる》が社長に就任し、経営陣を一新。利光は、同様の経緯で鬼怒川水電傘下となった東京山手急行電鉄（予定線を105ページに掲載）と渋谷急行電気鉄道を合併させた。最初に渋谷急行電鉄の新線を建設して経営の安定を図り、そのあとで東京山手急行電鉄の計画線に着手する目論見を立てたのである。両社の合併は昭和6年（1931）2月1日、東京山手急行電鉄が存続会社となったが、社名を東京郊外鉄道に変更。最初の出願

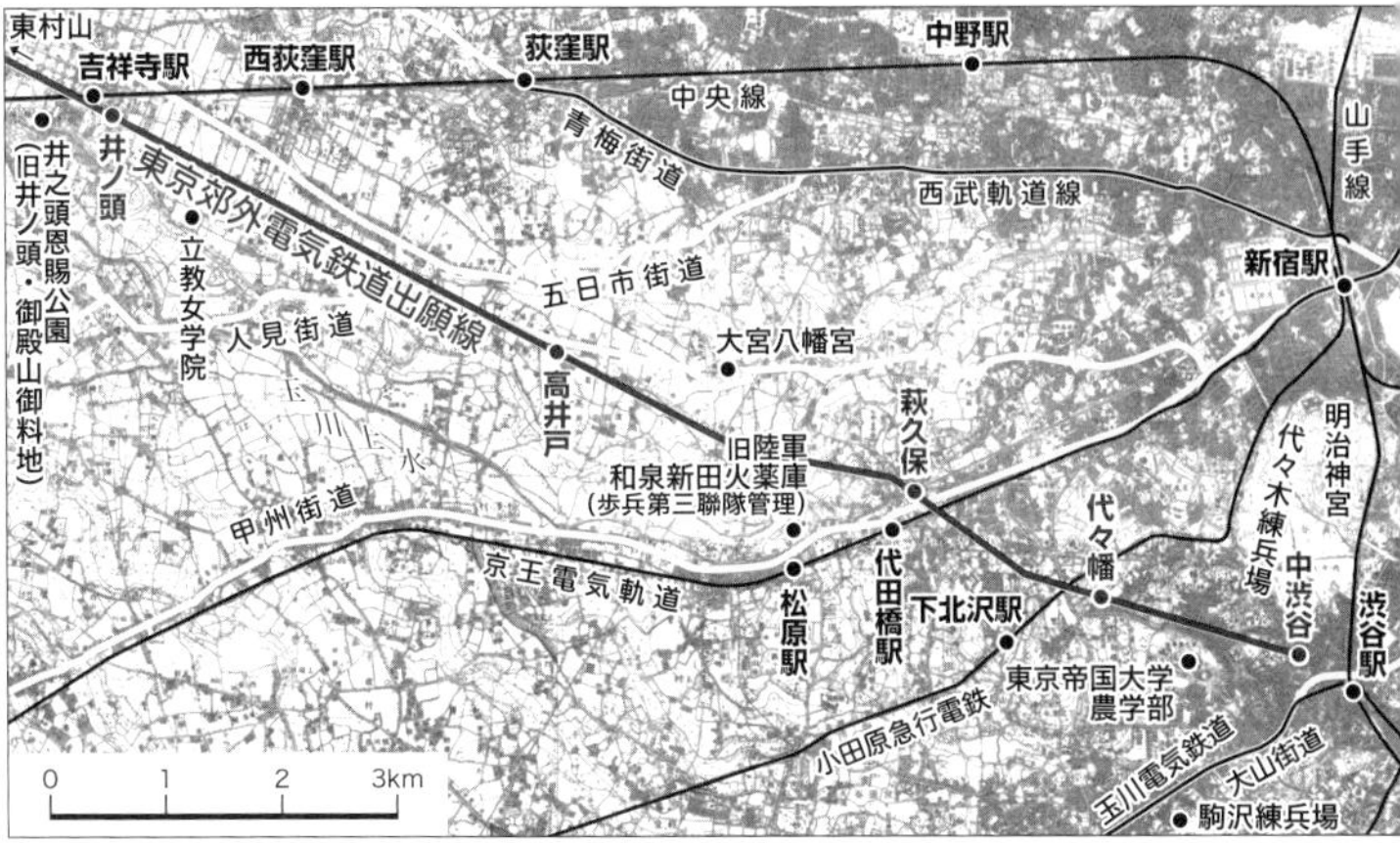

東京郊外電気鉄道が出願した経路と主要街道を図示した。予定駅の萩久保《はぎくぼ》は代田橋《だいたばし》付近にあった地名。昭和6年(1931)発行の地形図に加筆。「今昔マップ」より。

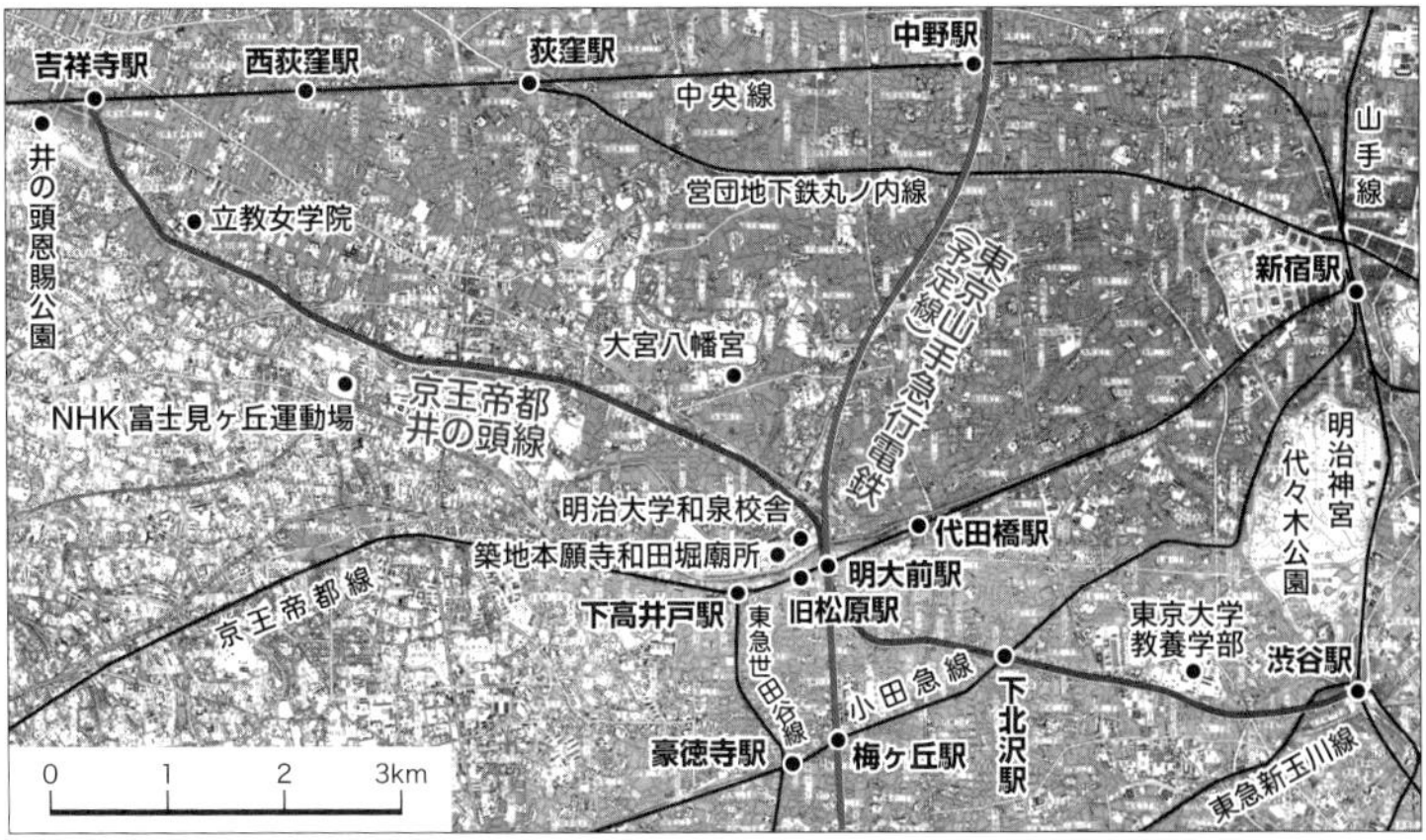

井の頭線の明大前駅は開設当時西松原駅という名称で、短期間ながら京王線松原駅の東側に西松原駅が存在した(品川駅の南に京急の北品川駅がある事例と同様)。明大予科開設翌年の昭和10年(1935)に西松原は明大前に改称。京王線の松原駅も帝都電鉄との交差地点に移転して明大前と改称。平成7年(1995)発行地形図に加筆。「今昔マップ」より。

にあった「郊外」が戻ったのである。晴れて昭和6年（1931）6月に着工のはこびとなり、昭和8年（1933）8月1日に渋谷～井之頭公園（現在の井の頭公園）間が開通、翌年4月1日に吉祥寺までの全線が開業している。

工事が進んでいた昭和7年（1932）10月1日、東京市は江戸城下町以来の狭い市域を一気に拡大し、現在の東京23区とほぼ同規模の広大な市域になった。東京郊外鉄道の沿線のほとんどが市域に編入され、「郊外」という社名が実情にふさわしくなくなったとして、昭和8年（1933）1月に社名を帝都電鉄に改称している。

当初は途中区間の人口が希薄なこともあって客足が伸びず、井之頭恩賜公園の訪問客向けの割引を行なっている。やはり公園利用者向け割引を実施していた鉄道省の中央線とは、熾烈な割引合戦が展開された。帝都電鉄はまた、公園最寄り駅の井之頭公園駅に無料休憩所を新設するなど、鉄道省に負けじと工夫を凝らした。

ところで帝都電鉄のもう一つの柱である東京山手急行電鉄線はどうなったのだろうか。こちらは資金繰りや経路の市街化、戦争などの問題が山積し、本格着工にいたらぬまま、頓挫している。ただしその痕跡が皆無という訳ではない。明大前駅の北側の玉川上水幹線が通る人道橋下に、井の頭線とは別に複線分の敷地が確保されているのは東京山手急行電鉄線を見越していたためである。

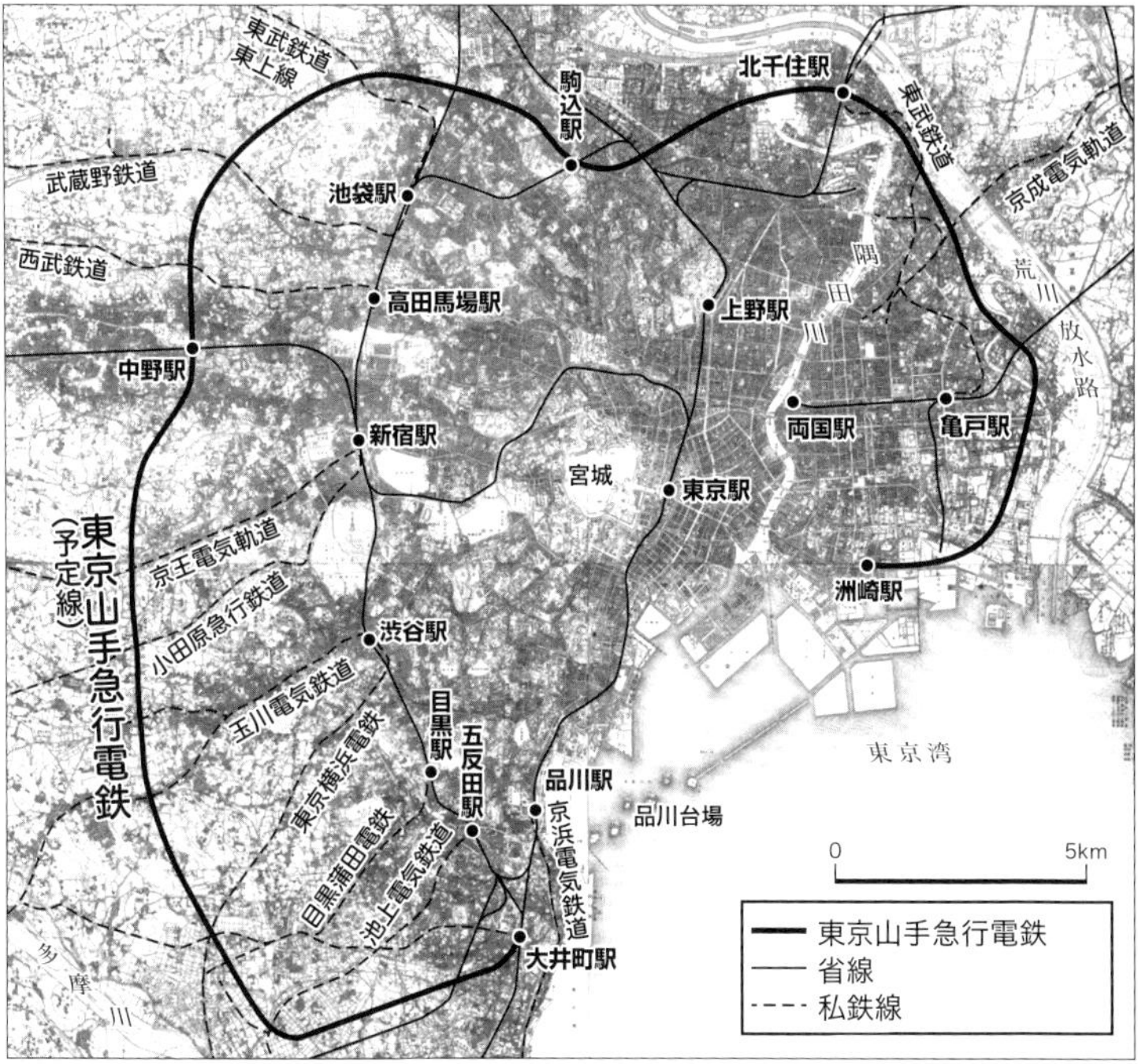

環状鉄道の計画は明治以来いくつも出願されたが、ほとんど政府に却下された。その中で東京山手急行電鉄は着工寸前まで行った希有な路線である。もし実現していたら、その後の東京の交通体系は一新されていたはずである。昭和初期の地形図に加筆。「今昔マップ」より。

19

なぜ中央線を跨ぐ南北方向の私鉄がなかったのか？

中央線は東中野から立川付近までおよそ25キロにわたって直線区間が蜿々つづいている。この区間には、中央線バリアとでもいうべき「壁」が存在していることはご存じだろうか。中央線の直線区間を跨ぐ線路は、ＪＲ武蔵野線以外存在しないのである。

中央線バリアが強化されたのは戦争がきっかけである。昭和12年（１９３７）に勃発した日本と中華民国の武力紛争は戦争そのものだった。日露戦争をはるかに上回る規模の人的・物的動員があり、長期戦の様相を呈していた。そのため、国民生活のあらゆる分野に「統制」が入り込んでくる。昭和13年（１９３８）の国家総動員法はその象徴だった。

公共交通関係では、国家総動員法成立の翌日に陸上交通事業調整法が公布された。この法律を根拠に、輸送体制の強化を目的として公共交通の企業合同が進められていく。

内閣総理大臣を会長、鉄道大臣と内務大臣を副会長とする交通事業調整委員会が設立され、昭和15年（１９４０）12月、「東京市及其ノ附近ニ於ケル陸上交通事業ノ調整ニ関スル具体方策」について、答申がなされた。旧東京市内（具体的には天王洲〜品川駅〜山手線〜赤羽線〜荒川放水路に囲まれた区域）に関しては、路面交通（路面電車・バス）は東京市、地下鉄

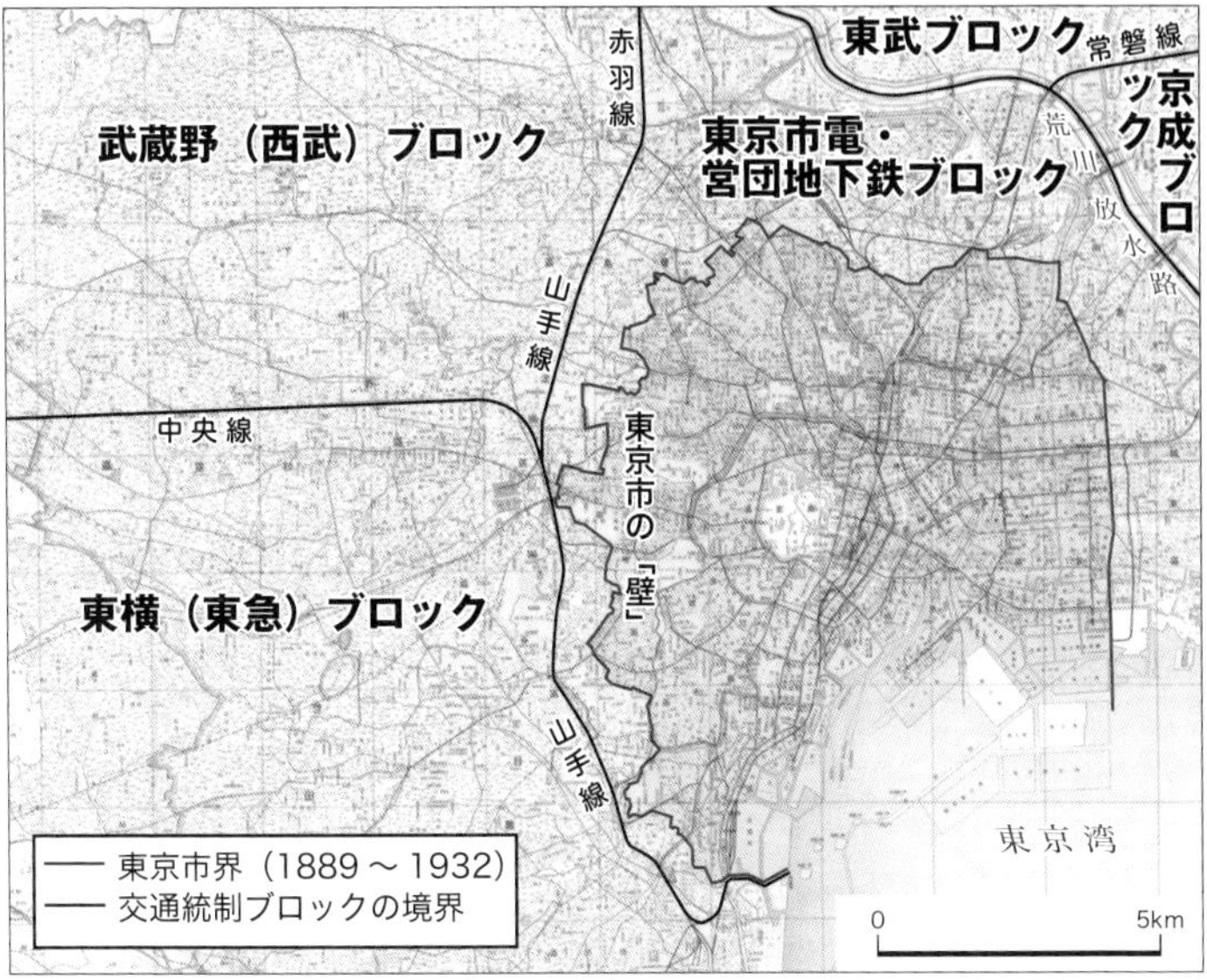

戦時中の交通統制で、鉄道やバス事業の合同が進んだ。ただし東武東上線や西武多摩川線などは統合の対象外とされたようである。「模範新大東京全図」（1935）に加筆。

に関しては新たに営団を設立して運営することが決められた。

旧市内の外側は、中央線、東北線、常磐線を境界とする四つのブロックに分けて鉄道・軌道・バスといった公共交通の統合が図られた。中央線以南は五島《ごとう》慶太《けいた》の東京横浜電鉄主導で合同が進められ、東京急行電鉄が誕生。京浜電気鉄道、小田急電鉄、京王電気軌道を含む巨大私鉄となる。中央線と東北線の間の区域が堤《つつみ》康次郎《やすじろう》の武蔵野鉄道主導、東北線と常磐線の間が根津嘉一郎《ねづかいちろう》の東武鉄道主導、常磐線以南が後藤圀彦《ごとうくにひこ》の京成電気軌道主導で、統合が進められていった。

戦時中は鉄壁の中央線バリアだったが、戦争が終わるとともに、その枠を崩そうという事業者が現れた。戦時中の大合同を解消して昭和23年（1948）6月に東京急行電鉄から分離したばかりの京王帝都電鉄だった。昭和23年（1948）12月、井之頭線（旧帝都線。現在の京王井の頭線）の久我山《くがやま》駅から分岐して、中央線の三鷹《みたか》駅を経て西武村山《むらやま》線（現在の西武新宿線）の田無《たなし》駅に至る鉄道線の建設申請を運輸省に出願したのである。

これに対して、中央線の北側ブロックの盟主だった西武鉄道（武蔵野鉄道が合併の主体となった新社）は昭和24年（1949）10月、武蔵境《むさしさかい》止まりだった西武多摩川線を西武村山線の東伏見《ひがしふしみ》駅まで延長する計画を申請する。

その2ヶ月後の昭和24年（1949）12月、京王帝都は計画変更申請をする。井之頭線を吉祥寺から延長し、田無を経て西武武蔵野線（現在の西武池袋線）の東久留米《ひがしくるめ》駅に接続する計画だった。そして昭和25年（1950）10月、西武鉄道が西武村山線の接続駅を東伏見駅から武蔵関《むさしせき》駅に変更する申請を出願している。

両社の策動の背景には、旧中島《なかじま》飛行機武蔵製作所跡地利用の一環として野球場（東京グリーンパーク野球場）建設が決まったことも大きかった。

戦時中のブロック意識に加え、戦前、東村山〜吉祥寺間の免許を保持していたこともあり、西武鉄道が中央線を越えて北に延びる鉄道に関して敏感だったことは想像に難くない。

一方の京王帝都電鉄も、帝都線の起源である東京郊外電気鉄道が渋谷〜吉祥寺〜東村山

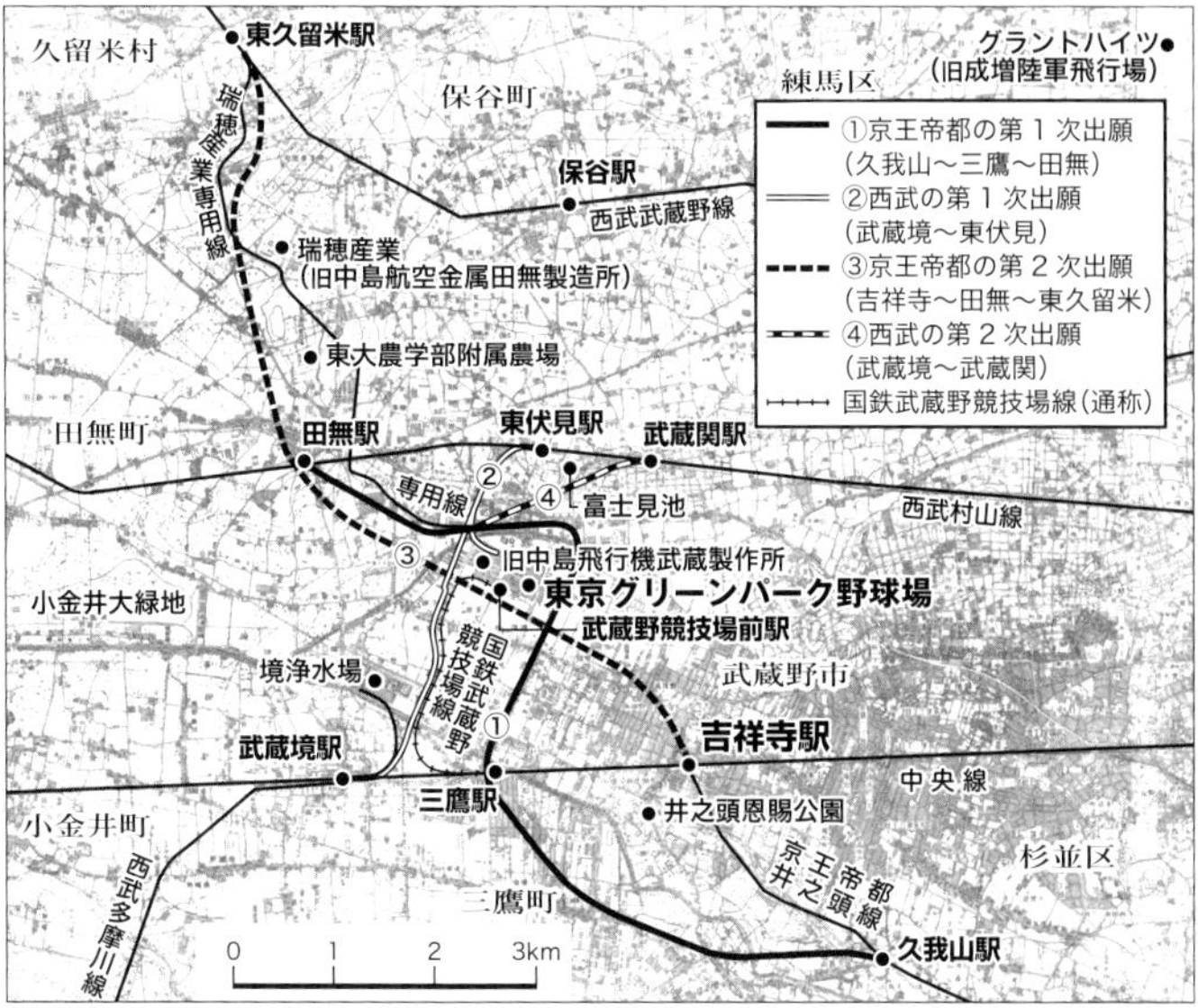

京王帝都電鉄と西武鉄道との間で出願合戦の様相を呈した中央線以北の争い。昭和22年（1947）発行の地形図に加筆。「今昔マップ」より。

を結ぶ新線を出願した経緯があり、中央線を跨ぐ東京山手急行線を建設しようとしていた歴史的背景がある。経営環境が厳しかった京王帝都は、新たな路線開発に活路を見いださざるを得なかった。

鳴り物入りで建設された東京グリーンパーク野球場は、昭和26年（1951）の1シーズンのみの稼働に終わった。目玉施設の不振で建設意欲を失ったのか、昭和33年（1958）に両社とも新線建設申請を取り下げている。

鉄道敷設の認可を得ることができないまま、両社ともに〝兵を退《ひ》いた〟。両者痛み分けとみるか、西武鉄道が守りきったとみるか。ともかく中央線バリアは今も健在なのである。

20

なぜ武蔵野線は競馬場を結んでいるのか？

武蔵野《むさしの》線は、横浜市鶴見《つるみ》区の鶴見駅から千葉県船橋市の西船橋駅まで、都心を迂回するようにぐるりと結んでいる半環状の鉄道である。総延長100・6キロ、うち旅客営業しているのは府中本町《ふちゅうほんまち》〜西船橋間で、営業キロは71・8キロ。一般に武蔵野線といえば、府中本町〜西船橋間を指すことが多い。

まだ沿線が市街化される前、府中本町と西船橋を結んだ武蔵野線には、競馬場線とかギャンブル線とかいう俗称があった。公営ギャンブルの開催地を記入した左の地図を見てもわかるように、やけに公営競技場が武蔵野線沿いに集中している印象がある。

競馬一つとっても、武蔵野線沿線には、JRA（日本中央競馬会）の東京競馬場と中山《なかやま》競馬場、地方競馬の浦和《うらわ》競馬場が立地しており、まるで競馬場を結んでいるようである。地方競馬の船橋競馬場も武蔵野線の列車が乗り入れている南船橋駅が最寄り駅だから、見事なまでに南関東の競馬場を串刺しにしている。競馬以外にも、競輪《けいりん》・競艇《きょうてい》・オートレースというすべての公営ギャンブルの競技場が沿線に点在している。武蔵野線と公営競技場の立地とは関係性がありそうだが実際はどうなのか。

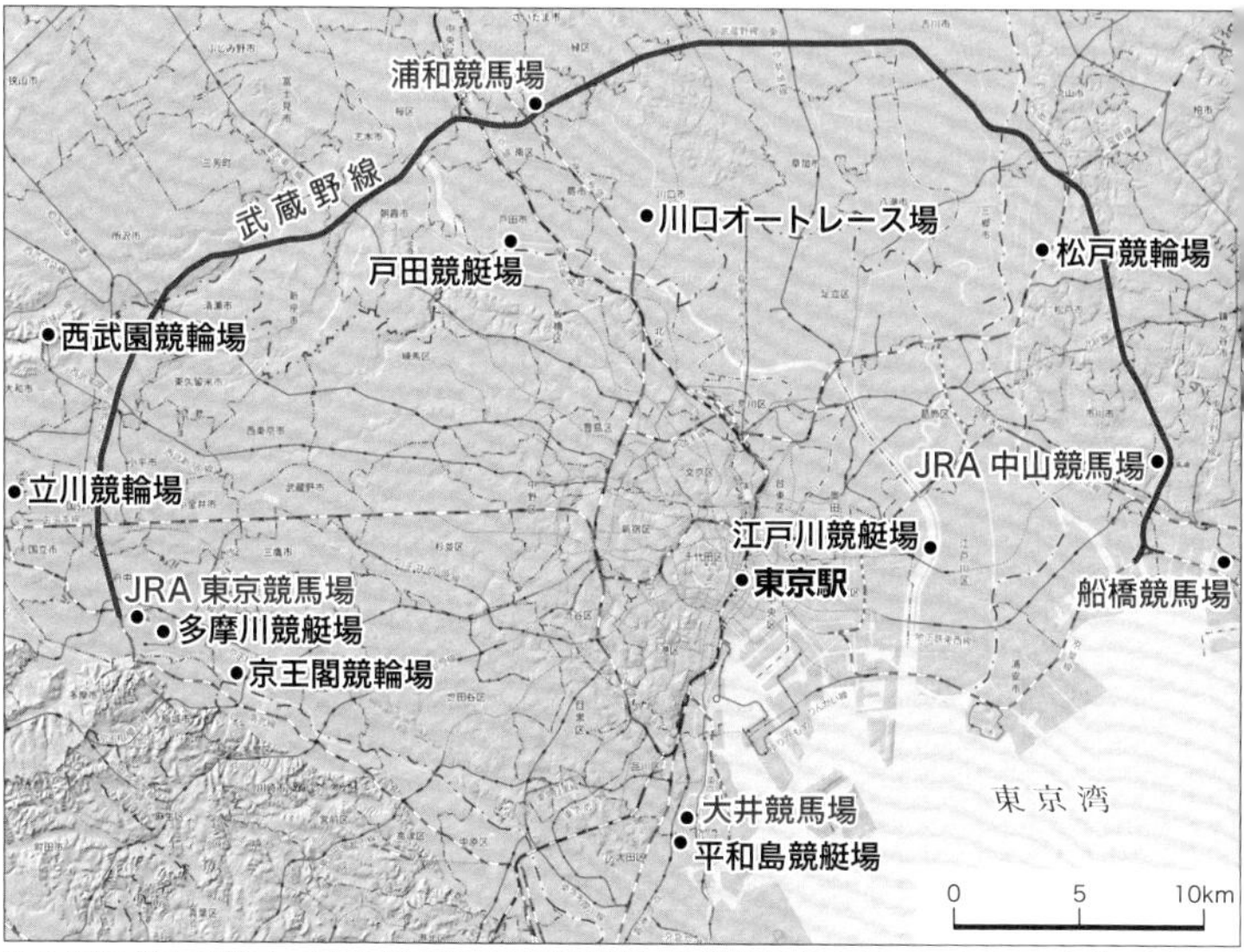

都心近郊都市を結んで走る半環状の武蔵野線と公営競技場を図に示した。武蔵野線に近接する公営競技場が目立つのは偶然か必然か。「地理院地図」に加筆。

結論から言えば偶然にすぎない。

武蔵野線はもともと都心の貨物列車の迂回線として計画されていた。大正14年（1925）に山手線の環状運転が実現するが、時を同じくして品川〜新宿〜池袋〜田端間に山手貨物線が誕生。山手線の旅客と貨物列車の分離が実現する。ただしこの時点ですでに近い将来の山手貨物線逼迫は予測されており、昭和2年（1927）には鉄道敷設法の「別表」（建設すべき路線経路が記載）に、貨物輸送を意識したバイパス路線である「千葉県我孫子《あびこ》ヨリ埼玉県大宮《おおみや》ニ至ル鉄道」、「埼玉県与野《よの》ヨリ東京府立川《たちかわ》ニ至ル鉄道」が加えられた。常磐・東北・中央各線の都心迂回線である。物流が急増して山手貨物線などが逼迫の度を深めていった大戦下の昭和17年（1942）から翌年にかけ、実際に現地調査が行なわれたというが、それ以上の具体的進展はなかった。それどころではなくなったのだろう。

戦後に入って最初に動いたのは埼玉県だった。昭和23年（1948）、総合的な首都圏開発の見地から、秩父《ちちぶ》～所沢《ところざわ》～浦和～越谷《こしがや》～我孫子を結ぶ玉葉線《ぎょくよう》（首都外郭環状線）を提唱。昭和27年（1952）には、運輸省の鉄道建設審議会（新線建設などを諮る諮問機関。戦前に存在した鉄道会議の後身的組織）に建設を申請している。

一方、国鉄は昭和30年（1955）ごろ、首都圏輸送の逼迫を打開するため、貨物輸送の重要幹線として、新鶴見《しんつるみ》～登戸《のぼりと》～武蔵境～西川口《にしかわぐち》～柏《かしわ》を結ぶ外郭環状線の建設計画を進める。昭和31年（1956）には小金《こがね》（千葉県松戸《まつど》市）～国分寺《こくぶんじ》（東京都）間を調査線に編入している。このころから、玉葉線に代わって武蔵野線の名が定着していったようだ。東京都あるいは神奈川県まで延長することから、玉葉線（埼玉と千葉を結ぶ路線）ではふさわしくないと考えたのだろう。

昭和32年（1957）の鉄道建設審議会で「武蔵野線は我孫子附近より東北本線を経て、所沢附近および中央本線に連絡する路線とし、我孫子附近より東北本線に至る区間は直ちに着工することを認める。東北本線より所沢附近および中央本線に連絡する区間については、すみやかに検討して着工の時期を決定するものとする。」との答申がなされ、建設が

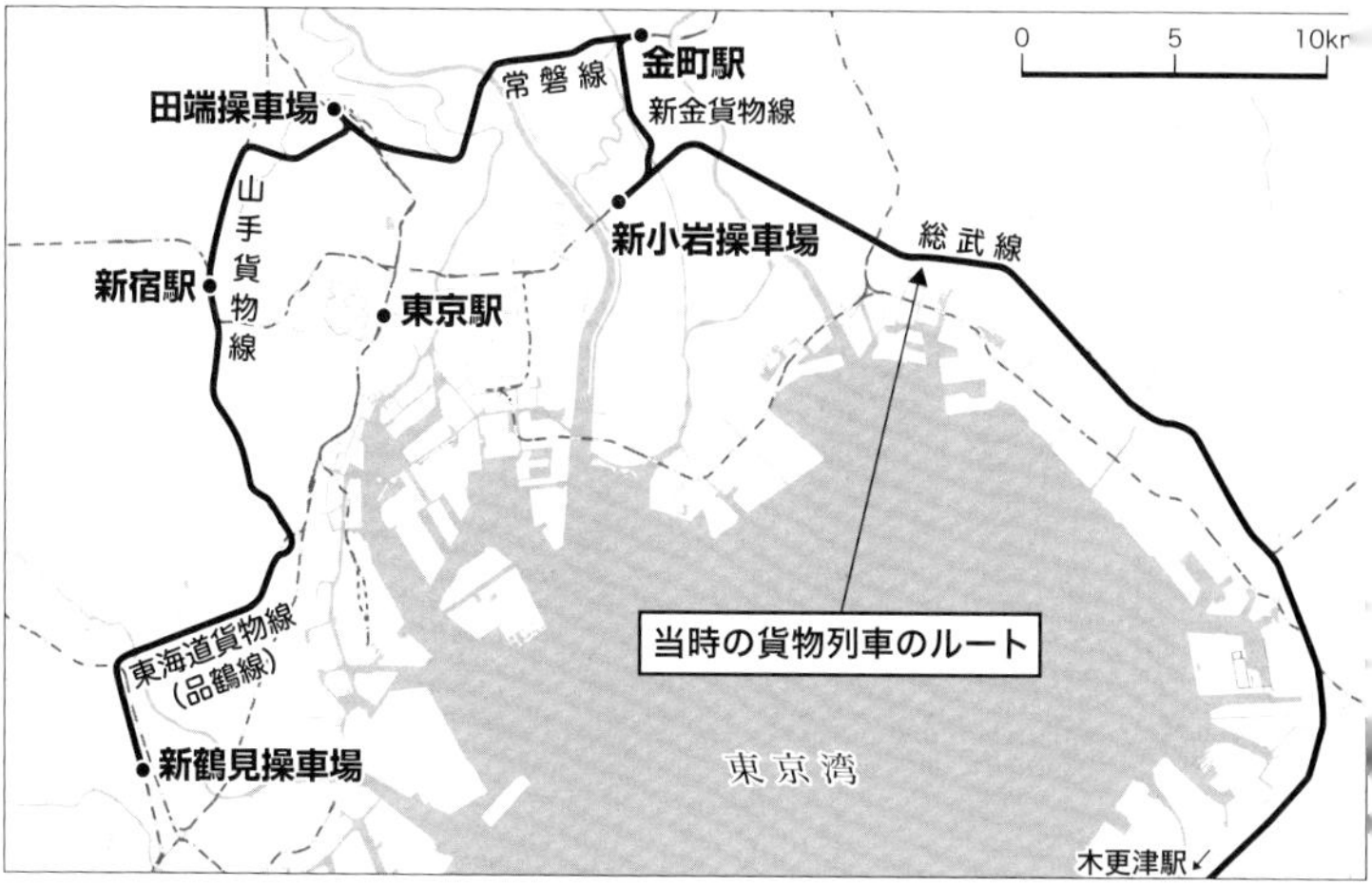

武蔵野線と京葉線開業前は、新鶴見操車場から千葉、木更津方面への貨物列車は、3度もスイッチバックを繰り返すなど、複雑な迂回を余儀なくされていた。「地理院地図」に加筆。

承認される。翌年、武蔵野線建設のための本格的な調査が実施されたものの、着工にいたらなかった。巨額の建設費が見込まれたことで、国鉄の新線計画などに影響が波及することを懸念したのである。

昭和39年（1964）、日本鉄道建設公団発足にあたり、公団側が別に借入金を確保することで着工の目処がつき、松戸市小金から浦和市を経て国分寺町《こくぶんじまち》に至る路線として武蔵野線が工事線に指定された。翌年には鉄道敷設法の別表に「東京府国分寺附近ヨリ神奈川県小倉《おぐら》ニ至ル鉄道」が追加され、国分寺〜新鶴見操車場間も工事線に追加されている。因みに小金は松戸市北部（新松戸駅付近）、小倉は現在の川崎市幸《さいわい》区（当時の新鶴見操車場、現在の新川崎駅付近）である。

新松戸〜西船橋間については、昭和37年（1

962）に鉄道敷設法の別表に「千葉県船橋ヨリ小金ニ至ル鉄道」が加えられ、小金線という仮称で昭和39年（1964）、工事線に指定されている。武蔵野線、小金線、さらに同時期に工事認可された京葉線（当時の予定経路は、川崎市塩浜《しおはま》〔現在の川崎貨物駅〕～千葉県木更《きさら》津《づ》市）の3線で首都外郭環状線を形成していた。

これらの新線は、東日本と西日本、首都圏と北日本を結ぶ壮大な物流鉄道幹線計画の一環だった。高度経済成長期に開発された鹿島《かしま》臨海工業地帯（茨城県）や計画中だった新東京国際空港（現在の成田国際空港）などの物流にも配慮されていた。

たとえば当時、新鶴見操車場から千葉方面の木更津に貨車を輸送する場合、東海道貨物線（通称品鶴《ひんかく》線）から山手貨物線を経て田端操車場に入り、そこから向きを変えて常磐線に入って金町《かなまち》駅に向かい、再び向きを変えて新金《しんきん》貨物線で新小岩《しんこいわ》操車場に入り、三度《みたび》スイッチバックして総武本線経由で木更津に向かうという、気の遠くなるような経路で輸送が行なわれていた（113ページの図）。もし京葉線が予定どおり塩浜～木更津間で開業していたとすれば、新鶴見操車場から東海道貨物線を経由して塩浜から京葉線に乗り入れ、そのまま輸送が可能だった。

京葉線が東京駅発着に変更された現在の路線網を使用したとしても、仮に新鶴見からだと、武蔵野線・京葉線・内房《うちぼう》線経由で一度もスイッチバックすることなく輸送が可能であ

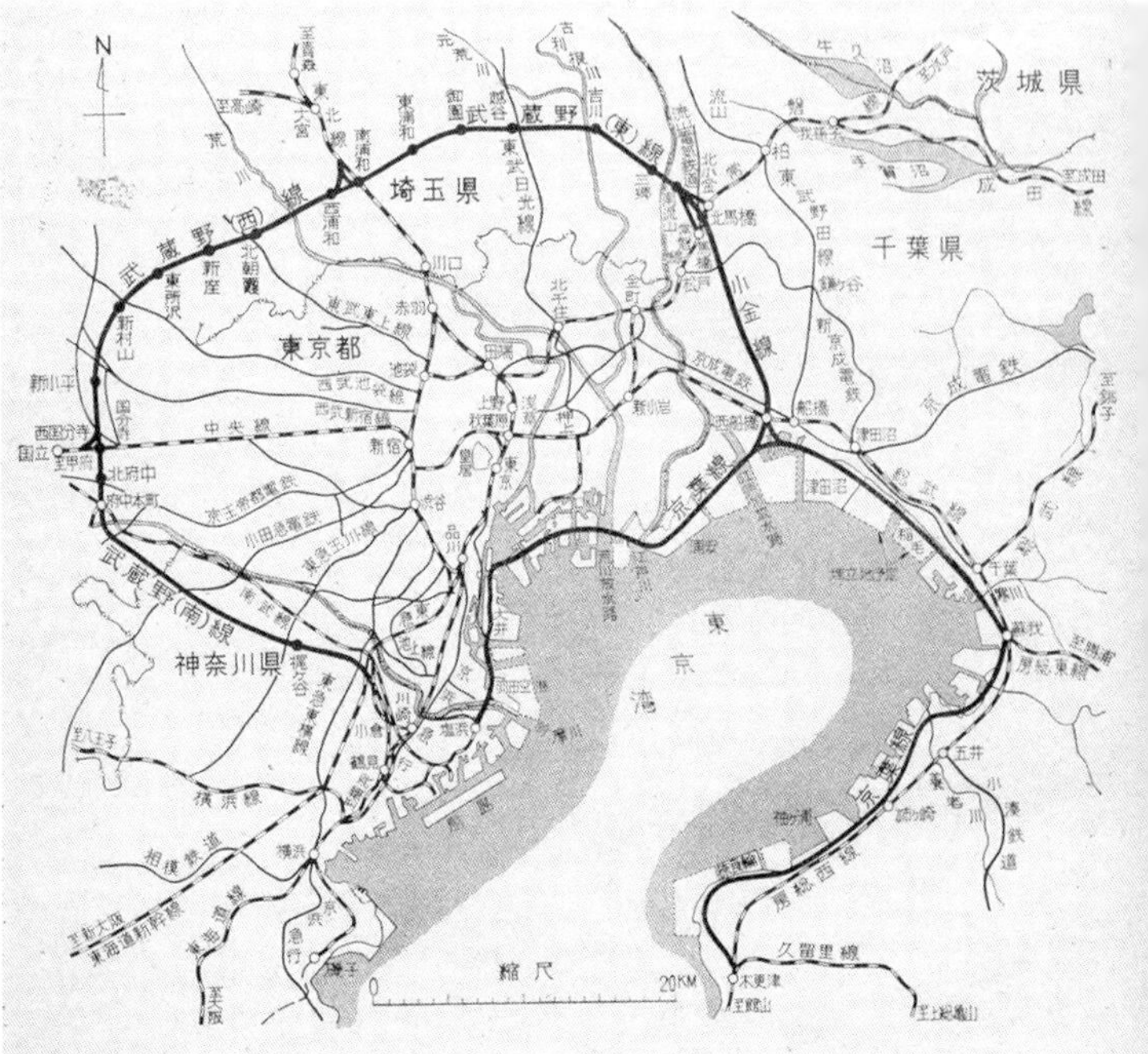

第1図　東京外環状鉄道線路略図

当初の計画では、武蔵野南線（新鶴見操車場〜府中本町）・武蔵野西線（府中本町〜南浦和）・武蔵野東線（南浦和〜北馬橋〔仮称〕）・小金線（北馬橋〔仮称〕 〜西船橋）・京葉線（塩浜操車場〜木更津）で貨物主体の東京外郭環状線を実現する構想だった。『交通技術』（1969年2月号）に掲載された「武蔵野西・南線の工事計画」の添付図を引用。

る。ただし京葉線の計画が大幅に変更・縮小されたのと、当初の京葉線計画があったために総武本線と武蔵野線の連絡線が西船橋駅付近に建設されなかったため、総武本線の貨物については、現在も新金貨物線・常磐線経由で武蔵野線に乗り入れている。

　武蔵野線のもう一つの特徴は、交差する鉄道線との間に多数の連絡線が設けられていることである。東海道貨物線・中央本線・東北本線・東北貨物線・常磐線・京葉線に加え、西武池袋線とも接続しているのだ（総武本線との連絡線がないのは前掲の理由）。これにより、路線を跨いだ貨物列車の運行が可能になっただけでなく、中央線から武蔵野線を経由して東北線に乗り入れる「むさしの号」や京葉線から武蔵野線を経て東北線に乗り入れる「しもうさ号」など、特殊な経路の旅客列車の運行が可能になった。

また、都心通過の貨物列車に関しては、燃料などの危険物を積載した列車の危険性もあった。実際、昭和42年（1967）8月には、新宿駅構内で米軍向け航空機燃料を搭載したタンク車18両を連結した浜川崎《はまかわさき》発立川行き貨物列車に、セメント原料の石灰石を満載した貨車20両を連結した氷川《ひかわ》（現在は奥多摩）発浜川崎行き貨物列車が衝突。燃料を満載したタンク車が転覆し、漏れた燃料に引火して爆発・炎上する重大事故が発生している。危険物輸送列車の迂回ルート建設も急務だったのである。

長々と書き連ねたが、現在の武蔵野線の原形が昭和初期に誕生し、戦後になって高規格の鉄道バイパス線として具体化されていったことは理解していただけたと思う。

一方、公営ギャンブルはどうか。東京競馬場が現在の場所で開場したのは昭和8年（1933）。中山競馬場が現在の場所に開場したのは昭和3年（1928）である（「中山」という名称は現位置の船橋市内の地名にはなく、現在の競馬場の西側にあった移転前の旧地の東葛飾《ひがしかつしか》郡中山《なかやま》町《まち》（現在は市川市内）に因む。ただし中山町の旧競馬場跡地は厩舎として使用され、境界変更でその後は跡地の大半が船橋市に属す）。

品種改良を建前に戦前から開催が許容されていた競馬場以外の公営ギャンブルは、いずれも昭和戦後期に誕生している。多くは戦災復興が主目的だった。開場年を見ると、京王閣《けいおうかく》競輪場・後楽園《こうらくえん》競輪場（現在は休止）・大宮競輪場が昭和24年（1949）、西武園《せいぶえん》競輪場・松戸競輪場・船橋オートレース場（現在は廃止）が昭和25年（1950）、立川競輪場が昭和26年（1951）、川口オートレース場が昭和27年（1952）、多摩川競艇場・戸田競艇場・大井オートレース場（廃止、移転）が昭和29年（1954）、江戸川競艇場が昭和30年（1955）と、昭和25年（1950）前後に集中している。地方競馬の実質開場年も、浦和競馬場が昭和22年（1947）、大井競馬場・川崎競馬場・船橋競馬場が昭和25年（1950）と、戦後の同時期である。

都心からおよそ20～30キロ離れた地域は、農地など安価で買収の比較的容易な用地がドーナツ状に残っており、広大な用地を必要とする公営競技場の好適地とされたのである。武蔵野線が似た位置に建設されたのも、地価の安さや買収の容易さが勘案されたことは想像に難くない。これは鉄道や公営競技場に限った話ではなく、東京環状という別名もあった国道16号も、武蔵野線のやや外側をなぞるような区間を通る。

21

なぜ新小平駅はトンネルの間に顔を出しているのか？

まずは左の画像をご覧いただこう。住宅地のまん中に忽然と現れた謎の空洞。実はれっきとした鉄道の駅である。武蔵野線の新小平《しんこだいら》駅だ。

列車に乗車しているとなかなか気づかないが、新小平駅は非常に特異な形をしている。トンネルとトンネルの間にぽっかりと開いた構造なのである。西国分寺～新小平間の小平トンネルは長さ２５６３メートル、新小平～新秋津《しんあきつ》間の東村山トンネルは４３８０メートルもある。二つのトンネルは、新小平駅のホームの両端から始まっている。トンネルとトンネルの間の駅というより、市街地を貫く長大トンネルの途中、新小平駅だけ土被りを除去したと考えたほうがよさそうである。

この区間がトンネルなのは、一つには途中に市街地やブリヂストン工場などがあったためだろう。西武線との多数の交差（西武国分寺線、西武拝島《はいじま》線、西武多摩湖線、西武新宿線）もトンネルのほうが好都合だった。トンネルにして地下のみ使用とすれば、用地費も安価ですむ。

では新小平駅を地下駅にせず、わざわざ地上部分を開けたのはなぜだろう。地下を掘削

西から眺めた新小平駅の3D画像（加筆）。畑が残る小平市の住宅地の一角にぽっかり口を開けている。駅以外は地下区間だが、大半が開削工法で施工された。©2023 Google

した長大トンネルから掘り出された土砂の搬出場所として活用されたという都市伝説があるが、土被りが薄い小平・東村山の両トンネルは、津田塾女子大学構内など一部を除いて大半の区間が開削工法だったというから、わざわざ土捨て場のためにここだけ地上部分を開けたとは考えにくい。

完全な地下構造（トンネル内の駅）にすると保安基準が厳しくなる点が考慮されたのかもしれないが、開業当時、武蔵野線がおもに貨物幹線としての役割を期待されていたことを考える必要がある。列車通過時のトンネル内の風圧を逃がすため、明り区間にしたのではないだろうか。もし新小平駅を完全に地下駅にした場合、通過する貨物列車の風圧は相当なものになる。利用者の危険防止のため、現行の6メートルのホーム幅を拡張する必要もあっただろう。

新小平駅は、鉄道土木の世界では重大事故によって知られた存在である。

新小平駅はU型RC構造の駅として建設された。要はU字溝を巨大化したような構造とでもいえばいいだろうか。長さ約120メートル、幅約20メートル、深さ12メートルの掘割で構築されている。

平成3年（1991）10月11日深夜、平年の2倍以上の降水量で降りつづく長雨や台風21号の豪雨により地下水位が急上昇し、トンネル構造でなかった新小平駅に圧がかかり、擁壁《ようへき》が100メートルにわたって最大1・34メートル隆起。そのため擁壁のつなぎ目に最大70センチの開口を生じ、大量の地下水や土砂が流入し、隆起したホームすれすれまで水に満たされてしまった。1メートルあたり約120トンの重量のU型擁壁が、わずか6時間程度で最大1・3メートル以上上昇するという想定外の事故だった。

この事故の復旧過程で、新小平駅の構造そのものを抜本的に見直し、地下水を揚水しながら地盤を下降させたうえで、垂直にアースアンカーを156本打ち込んで構造物を固定するなどして、駅を再建。突貫工事だったが、復旧まで2ヶ月を要している。

事故の背景としては、昭和30年代の地下水の過剰な汲み上げによる地盤沈下への反省から、昭和46年（1971）以降東京都公害防止条例による揚水規制が実施に移され、地下水位が回復しつつあったことも一因だったといわれる。

平成3年(1991)の水害事故は深夜だったため、人的被害はなかった。復旧後の新小平駅は、擁壁を補強する目的で露天のホームの上部に支保梁を4mおきに架設している。

空を覆う支保梁に気を取られがちだが、ホームの擁壁側には鉛直アースアンカーを打ち込んだ位置を示すコンクリートの出っ張りが多数確認できる。

22 なぜ東川口駅は川口駅の東にないのか？

武蔵野線が開業して半世紀を超えたが、150年を迎えた日本の鉄道の歴史の中では後発路線といっていい。後発である証拠の一つに、駅名にやたらと接頭語（南○○とか東○○とか新○○とか）や接尾語（○○本町とか）が多いことが挙げられる。接頭語や接尾語の付かない駅は、旅客扱いする26駅中わずか3駅（新座《にいざ》、吉川《よしかわ》、三郷《みさと》）にすぎない。だから南浦和、東浦和、東川口、南越谷といった駅名が並んでいても特段違和感はない。

だが、左ページの地図を見てほしい。その位置をみると、東川口という駅名には疑問を感じざるをえない。むしろ北川口と呼ぶべきではないのか。

川口市内にJRの駅は川口駅のほか、西川口と東川口の二つある。川口駅の北西にあり、「西」といえなくもない西川口駅はともかく、川口のはるか北、厳密にいえば北北東に立地する駅に「東」を冠したのはなぜだろうか。

東川口の場合、駅設置以前、あたりに東川口を示す字名などは一切ない。しかも東川口駅の開業前、仮称としての名称は、東川口ではなく「美園《みその》」だった。付近の地名が美園だったからだろう。

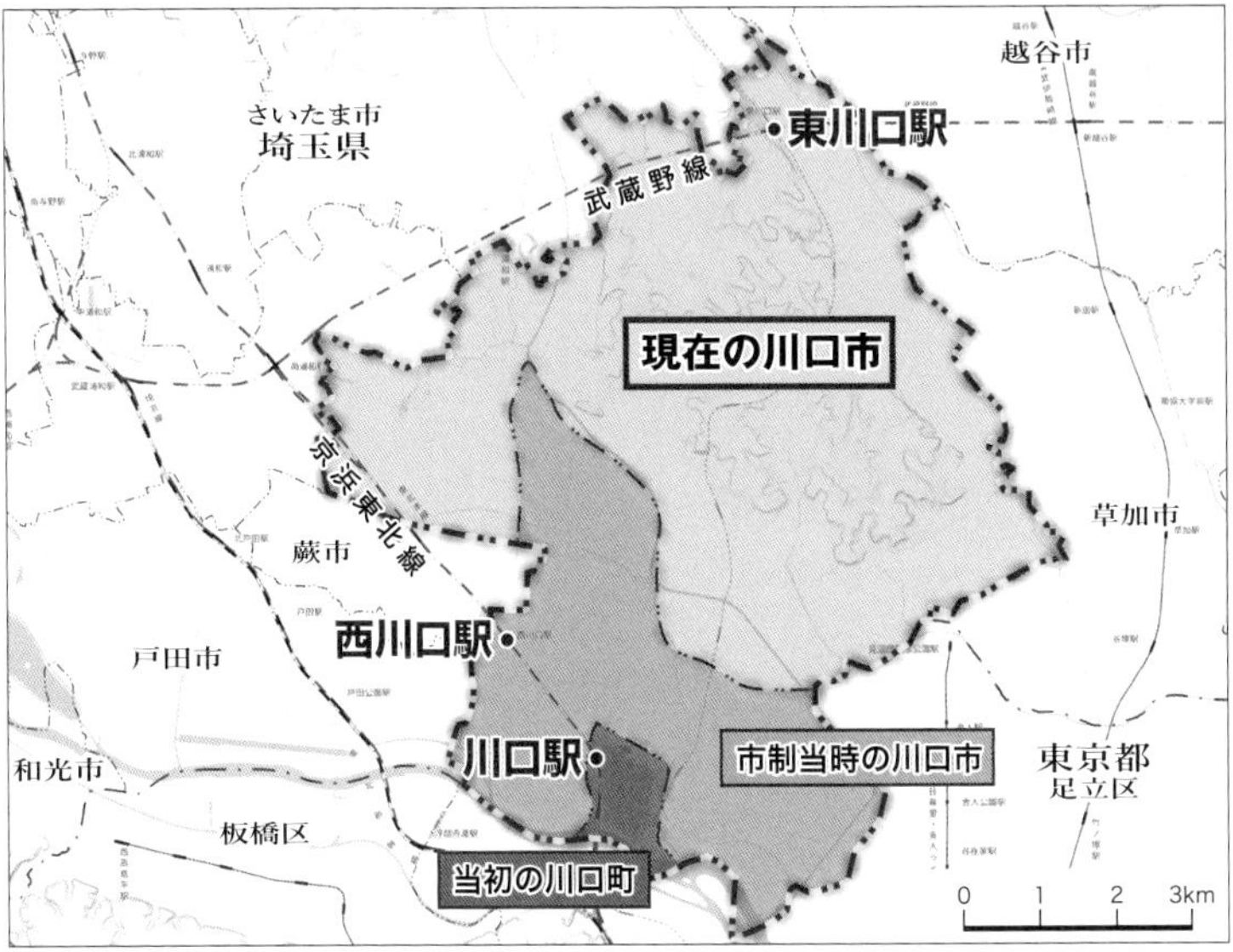

川口市域の拡大と川口駅、西川口駅、東川口駅の位置を示した。川口市の人口は60万人を突破し、埼玉県内では県庁所在地のさいたま市に次ぐ。「地理院地図」に加筆。

一つには、西川口駅設置の際の出来事が関係していたのではないだろうか。西川口駅は、蕨《わらび》市との境界付近に立地するが、川口市がおよそ20年にわたって請願しつづけ、昭和29年（1954）に開設された新駅だった。開設運動が始まった昭和6年（1931）当時からしばらくの間は新駅名を北川口駅として請願が行なわれていたのである。地元にはこの付近が川口の北という意識が根強かったのだろう。

なぜ北川口駅が西川口駅になったのか。それは昭和10年（1935）に北海道の羽幌《はぼろ》線（開業当時は天塩《てしお》線）に北川口《きたかわぐち》駅が開業したからである。この駅の開業が先行したことで、川口市の新駅に「北川口」が使用できなくなった。北川口駅開設で盛り上がった新駅が西川口となったのはそういう理由だった。武蔵野線開業時点でも国鉄は一体経営だったから、羽幌線の駅を改称でもしないかぎり、武蔵野線の新駅に北川口駅と名づけることはできなかった。

謎はもう一つある。東川口駅の建設時の仮称は、「美園」だった。立地位置が以前は美園村だったからだろう。なぜ美園の名称は採用されなかったのか。

実は美園村は昭和31年（1956）に戸塚村《とづかむら》と大門村《だいもんむら》、野田村《のだむら》が合併して誕生した自治体。美園村の名前は公募で選ばれた美称ゆえの命名だったが、誕生からわずか6年後の昭和37年（1962）に消滅。旧戸塚村全域と大門村の一部が川口市に、旧大門村の大半と旧野田村全域が浦和市に分かれて編入された。以降、川口市に編入された旧美園村の地域は戸塚地区、浦和市に編入された旧美園村の地域は美園地区と称された。

詳しい事情はつまびらかでないが、新駅が美園地区とは異なる川口市内に立地していたため、立地する川口市としては、駅名を美園とするわけにはいかなかったのだろう。かくして「美園」も「北川口」も使えない、「戸塚」もすでに神奈川県の駅名として定着していることから、消去法的に新駅名が「東川口」に決まったのではないだろうか。なお、川口市内の東川口駅の北側（旧戸塚地区の北半部）は、東川口駅開設から9年後の昭和57年（1982）に「東川口」の住居表示が実施され、地域の「東川口化」が進んでいる。

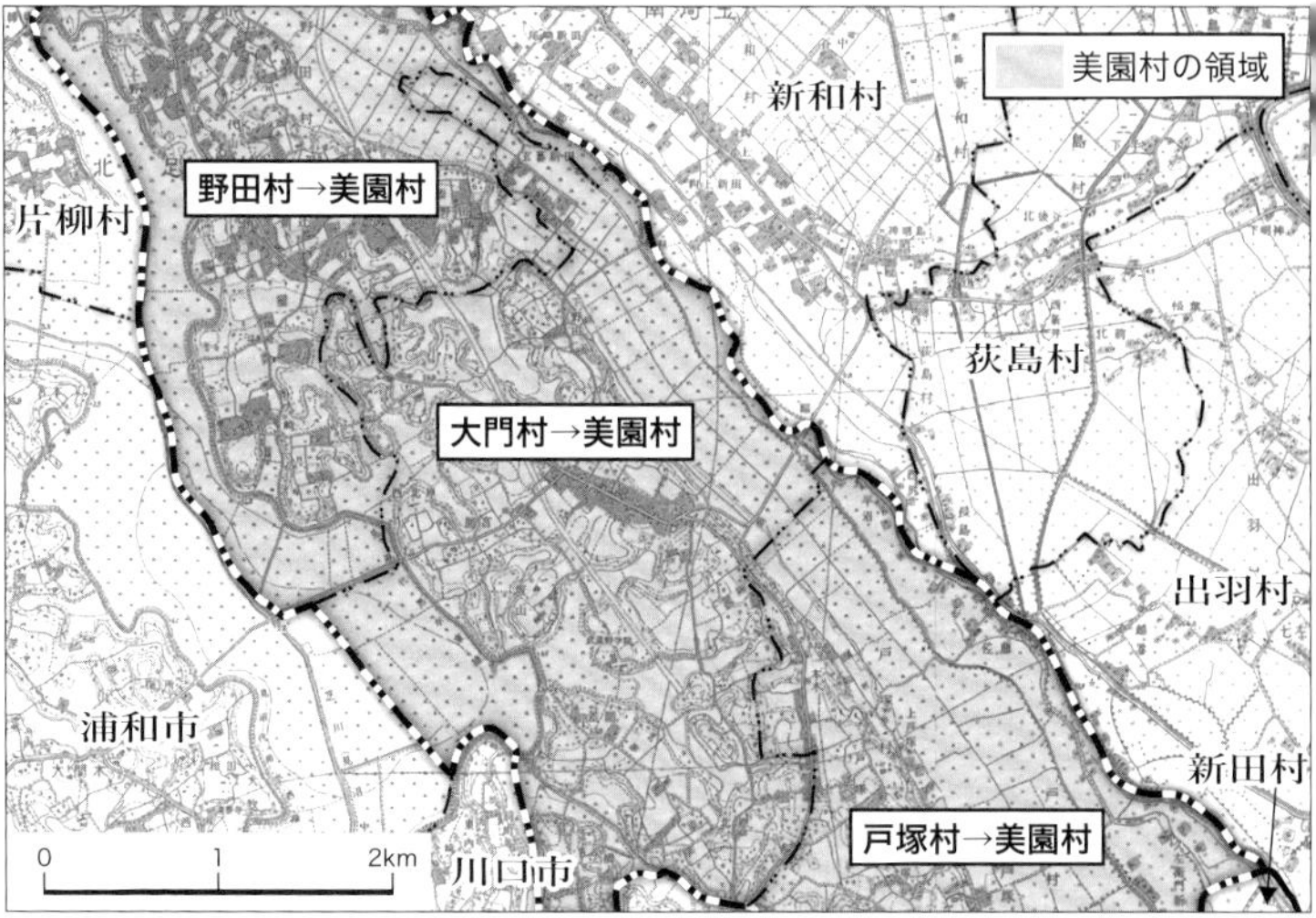

昭和31年(1956) 4月に野田村・大門村・戸塚村が合併して美園村が誕生する。美園村の名称は公募で決まり、次点は武南村《ぶなんむら》、次いで御成村《おなりむら》だった。「地理院地図」に加筆。

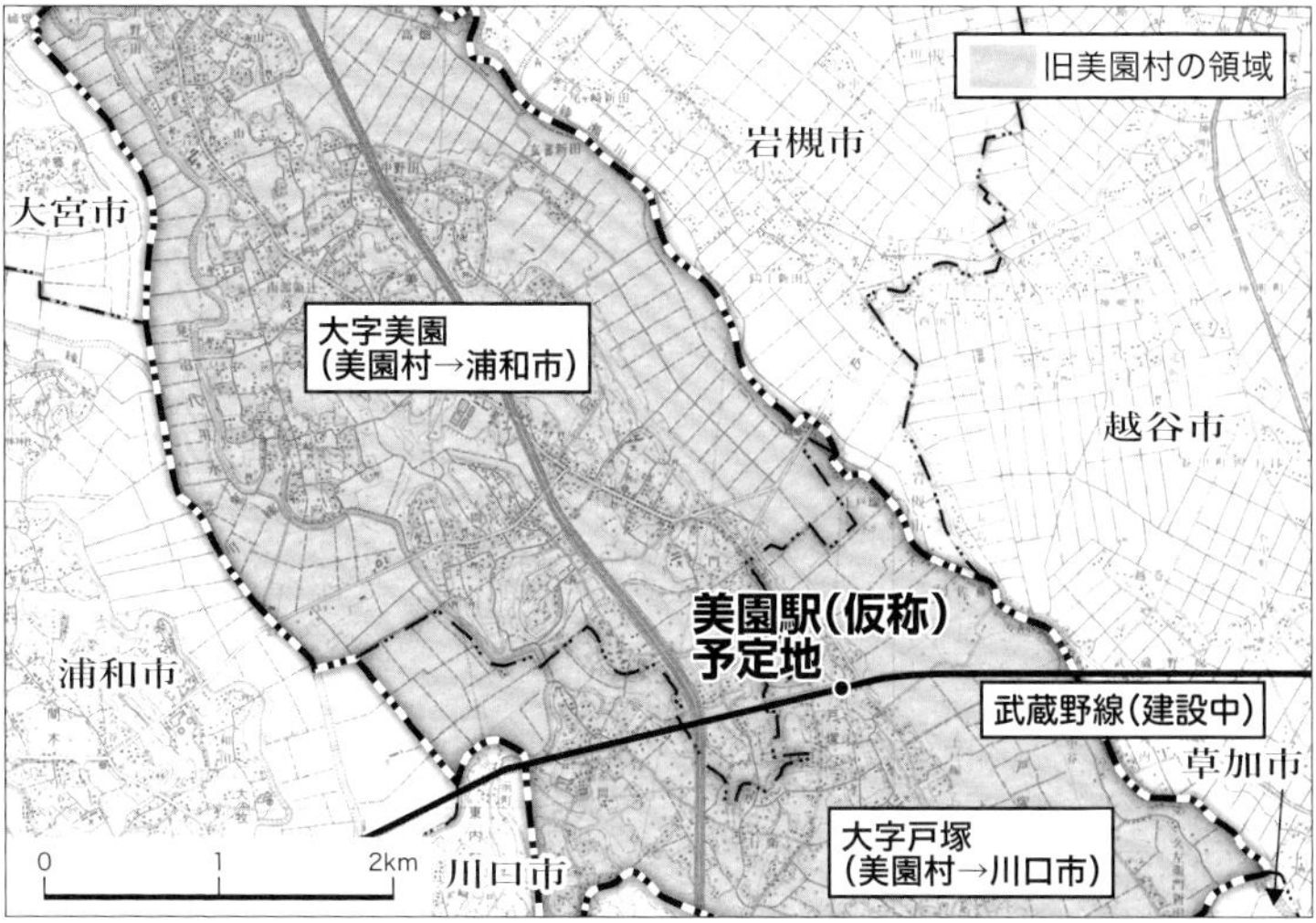

美園村は昭和37年(1962) 5月に川口市と浦和市に分割編入されて消滅。新駅予定地は市境に近い位置だった。昭和48年(1973) 4月に東川口駅として開業。「地理院地図」に加筆。

23

新三郷駅の線路沿いには何があったのか？

埼玉県東部の武蔵野線沿線には大規模なショッピングモールが建設されていった。西から順に、越谷《こしがや》レイクタウン駅前のイオンレイクタウン、吉川美南《よしかわみなみ》駅前のイオンタウン吉川美南、そして新三郷《しんみさと》駅前のららぽーと新三郷である。

余談ながら、最も新しく開業した吉川美南の駅名は公募で選ばれた。吉川市民から新駅にふさわしい駅名案を公募し、２４３人から１３１件の応募があった。市役所内の新駅駅名検討委員会で審議を行なった結果、最終的に「吉川なまずの里」「吉川美南」「むさし吉川」の３案を候補案としてＪＲ東日本に提案。その後ＪＲ東日本において、「吉川美南」が正式な駅名として採用されることが決定している。もっとも、常識的に考えれば一つしか選択肢がないといっても過言ではない。なまずは論外だし、吉川駅の隣が「むさし吉川」なんて冗談としか思えない。

左上の写真を見てもらいたいのだが、吉川美南から新三郷にかけて、紡錘形とでもいってもいい形状が現れているのがわかるだろうか。左下の写真が種明かしだ。日本最大を誇った武蔵野操車場の跡地なのである。

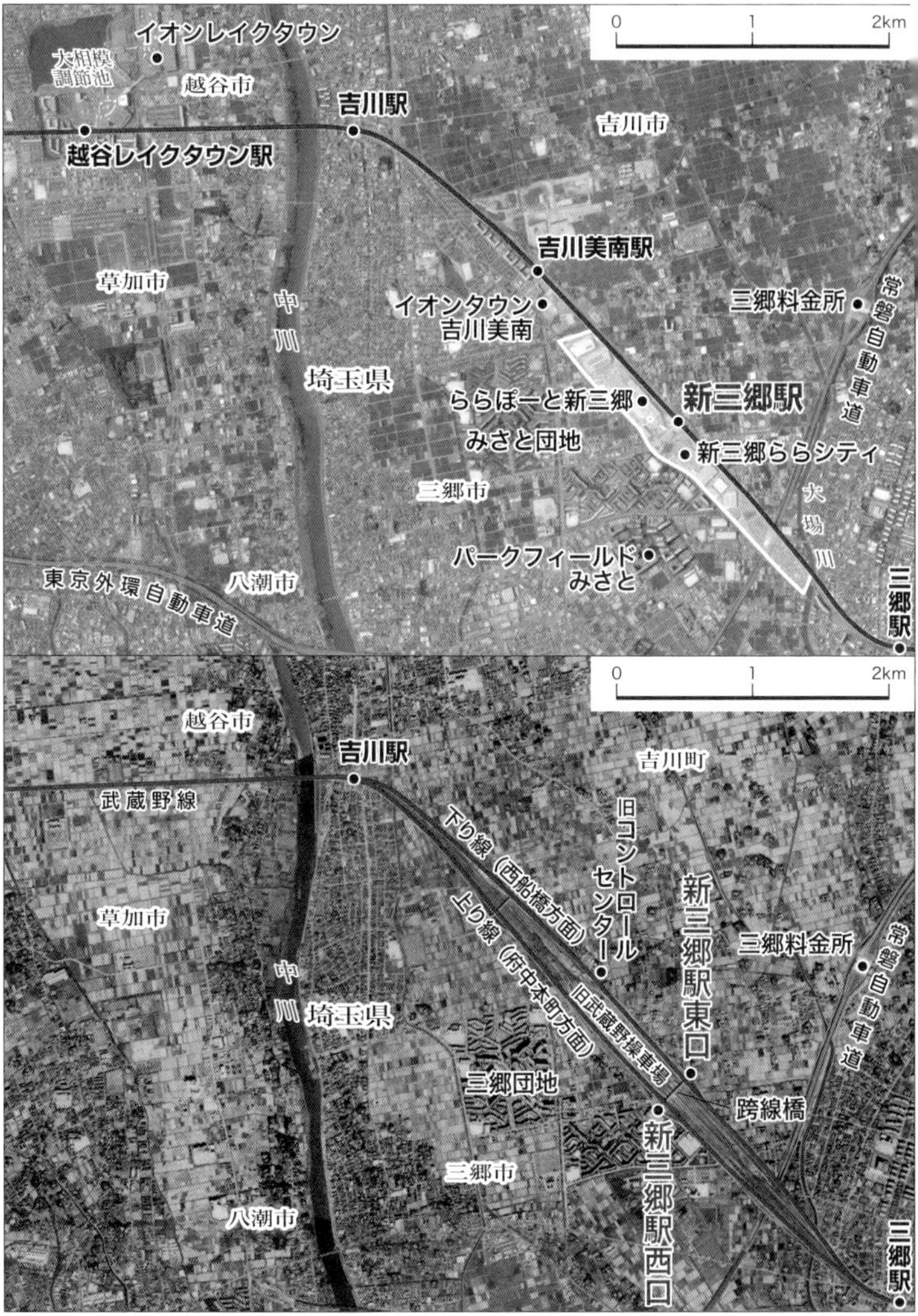

埼玉県東部の武蔵野線沿線。最新の「地理院地図」の空中写真（上）と1980年代後半撮影の「地理院地図」の空中写真（下）を比較してほしい。いずれも加筆。

武蔵野操車場は、全長5・2キロ、最大幅約350メートル、敷地面積約32万坪（約105万平米）という巨大な操車場だった。開場したのは、武蔵野線が開業した翌年の昭和49年（1974）。武蔵野線の上下線が操車場の両側に敷設されていたのは、操車場業務が本線の運行に影響しないようにするためだった。だが、国鉄の期待とは裏腹に、ストライキや度重なる値上げ、道路輸送の飛躍的発展といった内外の要因が重なり、鉄道貨物は急激に凋落。昭和59年（1984）2月には武蔵野操車場は機能を停止していた。

新三郷駅が開業したのは昭和60年（1985）3月である。この駅は、上下線の線路が操車場の外側を通っていた関係で、西船橋方面と府中本町方面のホームが、跨線橋を隔ててなんと360メートルも離れていた。改札口も2ヶ所に設置されており、もはや別の駅といってもいいくらいだった。この特異な構造が解消されて、ホームが北側に向かい合うかたちで一本化されたのは平成11年（1999）3月。新三郷駅が開業してから14年も経っていた。操車場はとっくに廃止されている。

同様の例は関西にもある。関西本線（大和路線）の久宝寺《きゅうほうじ》駅である。昭和13年（1938）に6万6678坪（約20万平米）の龍華《りゅうげ》操車場が開設されると、上下線ホームが操車場の両側に移設されている。昭和61年（1986）に操車場が廃止され、平成9年（1997）に下り線が上り側に約150メートル移設。操車場跡は再開発され、面目を一新した。

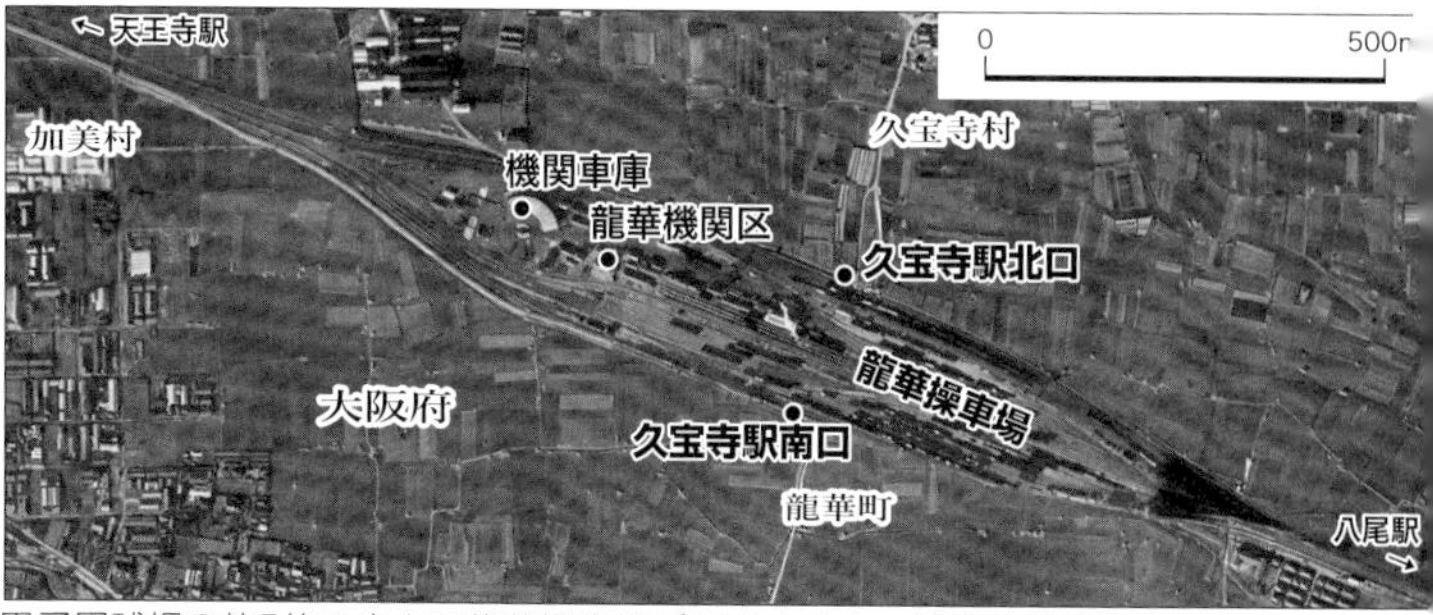

甲子園球場の約5倍の広さの龍華操車場が完成すると、線路は操車場を囲むように付け替えられ、久宝寺駅のホームは2ヶ所に分離。戦前撮影の「地理院地図」の空中写真に加筆。

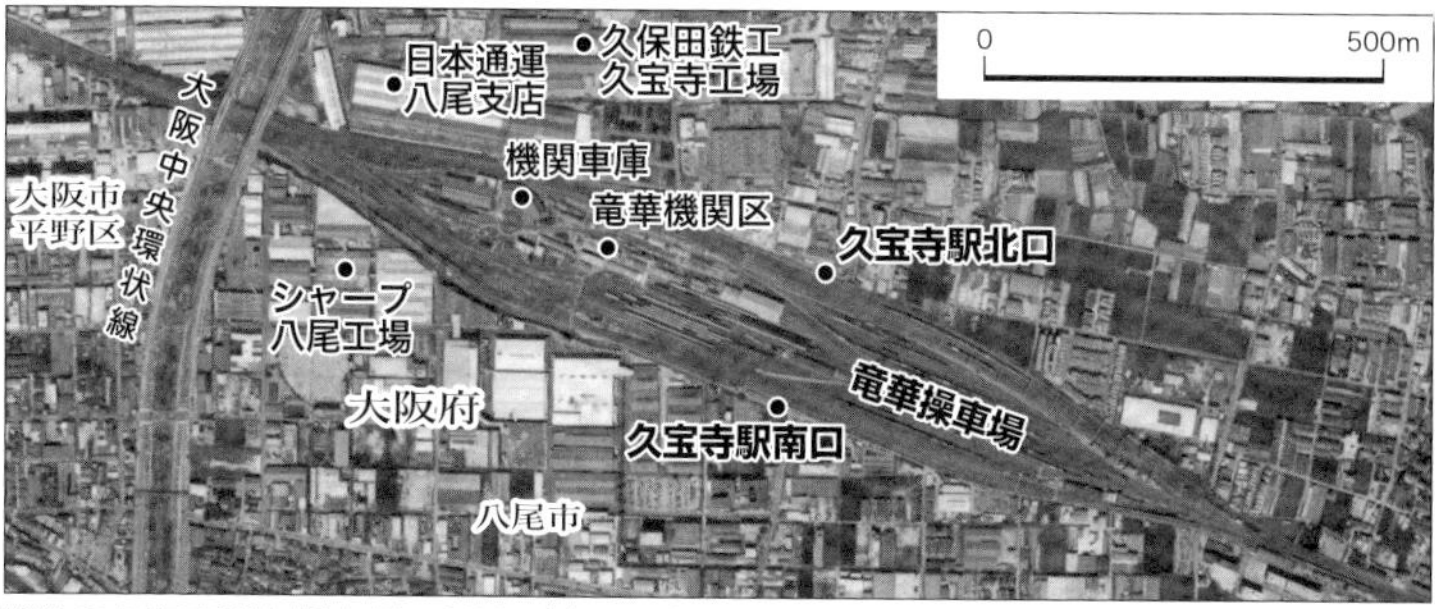

戦後の久宝寺駅と操車場。200m離れた上下線のホームを行き来するため、操車場の下には地下道が通っていた。昭和54年（1979）撮影の「地理院地図」の空中写真に加筆。

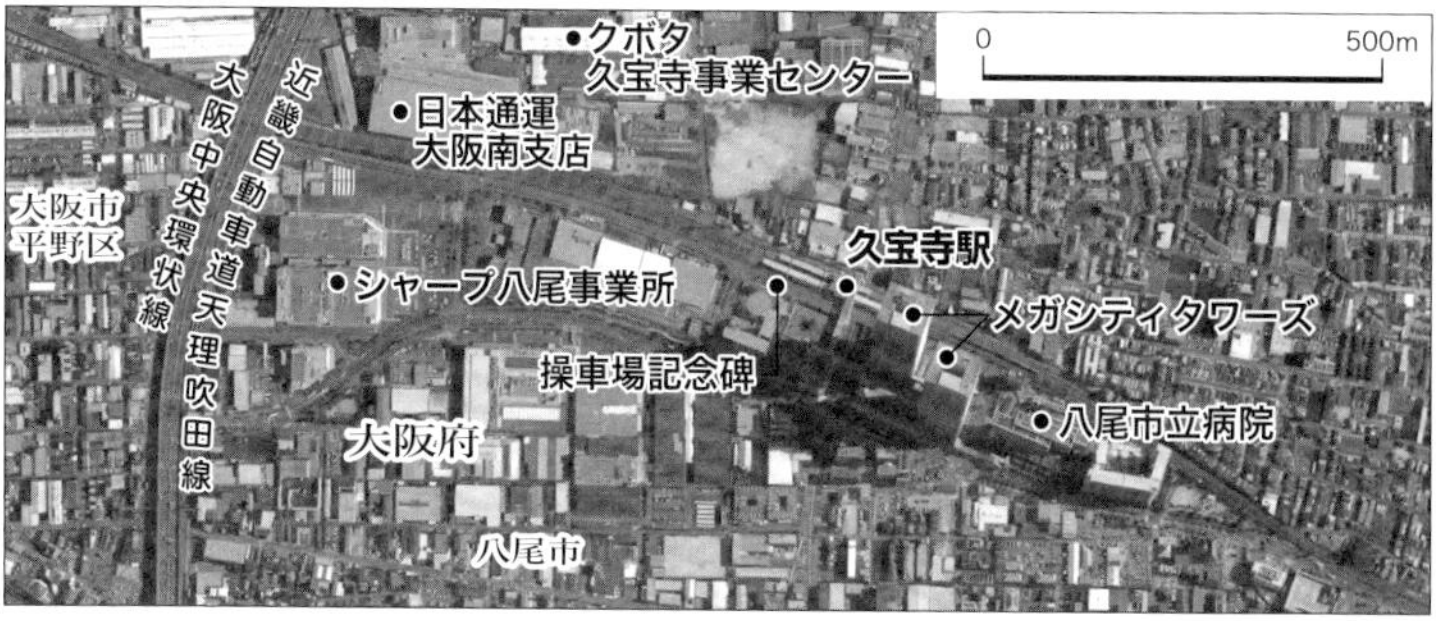

竜華操車場の跡地は再開発され、久宝寺駅は北側に集約された。C57 101の動輪をあしらった「旧国鉄竜華操車場跡の碑」が南口に建てられている。最新の「地理院地図」に加筆。

24

なぜ首都近郊のミニ私鉄流山電鉄が誕生したのか？

流山市《ながれやま》は「おおたかの森」地区の開発などで人気を呼び、今や住みたい町ランキングの類では首都圏の上位なのだとか。流山は子育て世代に大人気の新興都市である。

ところが流山市内には、時間が止まったような一画がある、それが流山駅だ。この駅の歴史は、流山の歴史を語ることでもある。

流山は江戸川の水運で発達した町である。隣接する野田《のだ》が醤油《しょうゆ》醸造で知られたように、流山は白味醂《しろみりん》で知られた町でもあった。野田の醤油も流山の味醂も舟運で各地に運ばれ、その名声を不動のものにしていった。133ページの地図を見てほしいが、流山は江戸川沿いに繁華街が形成されていた。

ところが明治29年（1896）、水戸街道沿いに現在の常磐線が開通すると、経路から外れた流山は発展に乗り遅れた。当初は我孫子から流山を経て川口に至る経路だったのを、鉄道庁長官の井上勝が東京方面に直行する経路に変えさせたというのだから、流山の人々の悔しさはひとしおだっただろう。わが町にも鉄道をと願う声が大きくなり、大正2年（1913）に設立されたのが、流鉄《りゅうてつ》流山線の前身である流山軽便《けいべん》鉄道である。鉄道会社設

流鉄流山線は、常磐線や武蔵野線、つくばエクスプレスの合間を縫うように走る。最新の「地理院地図」に加筆。

立には、味醂醸造事業者ら町内の116人が出資している。

流山軽便鉄道は、大正5年（1916）に常磐線の馬橋《まばし》～流山間で開業した。「軽便鉄道」という名前が示すように、軌間762ミリのナローゲージ（狭軌）だった。常磐線乗り入れに不都合と、国鉄と同じ1067ミリに改軌されたのが大正13年（1924）。改軌に先立ち、大正11年（1922）に社名を流山鉄道に変更している。その後社名は、流山電気鉄道、流山電鉄、総武流山鉄道を経て、平成20年（2008）に現在の流鉄となる。目まぐるしいようだが、略称はずっと「流鉄」だった。

流山線は、東京近郊では珍しい単線である。2両編成ののどかな列車が馬橋《まばし》と流山との間をワンマン運転で往来する。5・7キロだから、全区間乗り通しても所要時間11分。沿線は宅地化されたが、よくぞこの風情が残っているものだと感心する。令和5年（2023）には、千葉県庁が「ちば文化資産」に選定している。

流山駅は、大正5年（1916）の開業当初の姿をとどめている。平成10年（1998）に当時の運輸省から関東の駅百選に選定されたのもうなずける。

ところで『JTB時刻表』の冒頭のカラーページの索引地図に、「市の代表（中心）駅」が「◎」の印で記されているのをご存知だろうか。この表示、『国鉄監修　交通公社の時刻表』時代から70年以上の歴史がある。当初の名称は「都市所在代表駅」だった。

関係者に問い合わせたところ、『JTB時刻表』の「市の代表（中心）駅」は、基本的には編集部判断で決めているとのこと。原則として市役所からの距離が近い駅にしているが、繁華街との距離なども含めて総合的に評価しているという。

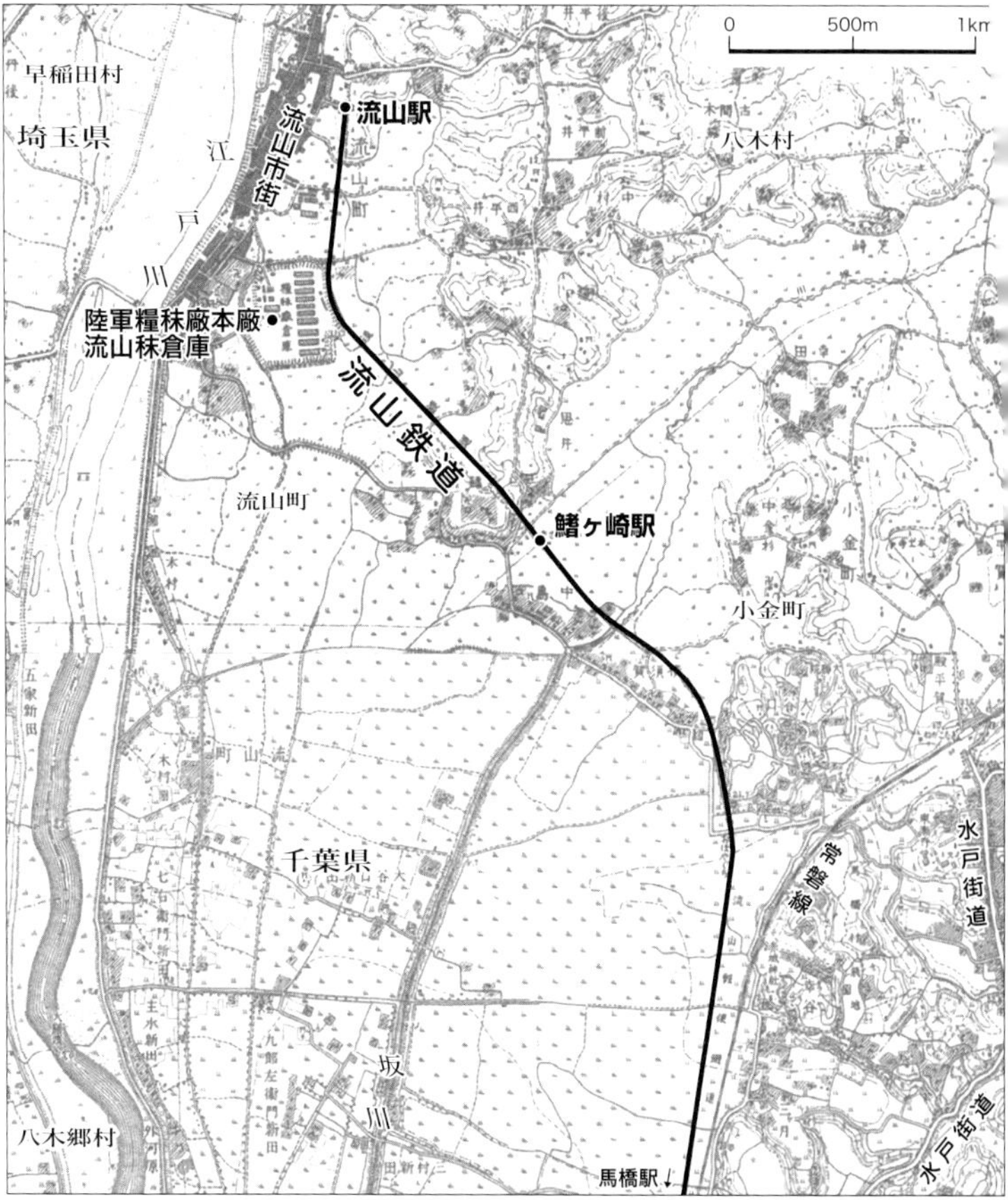

流山鉄道は、舟運で栄えた流山と常磐線を結ぶ唯一の鉄道だった。江戸川河畔にのみ市街地が発達する様子に注目。昭和5年（1930）ごろ発行の地形図に加筆。「今昔マップ」より。

昭和48年（1973）に武蔵野線の南流山駅が開業し、平成17年（2005）に開通したつくばエクスプレスの流山おおたかの森駅が新たなターミナルとして発展する今も、時刻表の「◎」の印が流鉄流山線の終点流山駅から動く気配はないようだ。

25

なぜ八柱駅と新八柱駅の読みが異なるのか？

武蔵野線の新《しん》八《や》柱《はしら》駅は、新京成《しんけいせい》電鉄八《や》柱《ばしら》駅に隣接して開設された。半地下駅で、雨に濡れずに乗り換え可能である。奇妙なのは、両駅の読みである。昭和30年（1955）に開業した八柱駅が「やばしら」と濁るのに対し、昭和53年（1978）に開業した新八柱駅は「やはしら」と濁らない。駅名の語源となった旧地名の八柱村《やはしらむら》は「やはしら」と濁らず、東京都立（開設当時は東京市営）八柱《やはしら》霊園もまた「やはしら」。濁らないのだ。

先行開業した新京成の駅名がなぜ「やばしら」となったのか。新京成が誤ったのかもしれないし、もしかしたら、付近にあった陸軍工兵学校八柱演習場（陸軍工兵学校は松戸駅東側の高台にあった。中山競馬場の起源となった松戸競馬場跡に開校）を「やばしら」と呼んでいた可能性は捨てきれないが、記録や文献などでは確認できない。

ところが鉄道の力は強大である。八柱駅が昭和30年（1955）に開業すると、むしろ「やばしら」が定着する。武蔵野線の駅名も新京成に合わせていい気がするのだが、「やはしら」の読みを採用した。そのあたり、地元の松戸市が新駅の読みを「やはしら」にするよう国鉄側に依頼したという都市伝説が存在する。松戸市の関係者に問い合わせて調べて

八柱駅と新八柱駅は隣接している。欅《けやき》並木が美しい参道や公園墓地として名高い都立八柱霊園の最寄り駅で、春秋の彼岸やお盆時期は特に賑わう。「地理院地図」に加筆。

もらったことがあるが、真相は藪の中だった。

新八柱駅の建設時の仮称は「八柱」だった。開業時に「新八柱」に変わったのは、読みの違いが影響したのではないか。同一地の漢字同一駅の読みが異なる事案は例がない。

いや、思いつきで言っているわけではないのだ。隣の新松戸駅も、建設時の仮称は「北《きた》馬橋《まばし》」だったが、新駅名に採用されたのは北馬橋でも南小金《みなみこがね》（立地場所の大字である小金に関連した名称）でも幸谷《こうや》（立地場所付近の字名。流山電鉄の駅名は幸谷）でもなく「新松戸」だった。その背景には、松戸の新都心構想（新駅周辺の区画整理事業の名称が新松戸区画整理事業だった）を推進する松戸市の松本清《マツモトキヨシ》市長（県議会議員を経て市長に当選）が強力に推したからという都市伝説が根強く存在するのである。

県議時代、出身町に自分の名前から名づけたとしか思えない「小金清志町《こがねきよしちょう》」「小金《こがね》きよしケ丘《がおか》」といった住居表示を実施した実例があるから、あながち嘘とも思えないのだ。

因みに八柱駅の所在地は、かつての八柱村ではない。旧高木村《たかぎむら》の村域である。八柱村は昭和13年（1938）に松戸町《まち》に編入されて消滅していたが、消えた村落の名称を、旧村域に立地するわけでもない駅に名づけた理由は、八柱霊園の玄関口だったからだろう。

武蔵野線の不可解な駅名の読みにまつわるエピソードをもう一つ挙げておこう。その駅は、同じく千葉県内の船橋法典《ふなばしほうてん》である。もともとこの駅の仮称は北船橋とされていた。船橋法典駅は地域の旧称である法典村《ほうでんむら》に因むわけだが、法典村あるいは地区名としての法典の読みは現在にいたるまで「ほうでん」である。なぜそれが「ほうてん」に転じたのか。

珍説と聞き流してもらって結構なのだが、ドイツ語で睾丸を意味する「ホーデン」（Hoden）と同音の「ほうでん」を避けたためではないか。

実は国鉄には前例があるのだ。北海道にあった渚滑《しょこつ》線（大正12年（1923）開業、昭和60年（1985）廃止）の雄鎮内《ゆうちんない》仮乗降場（昭和30年（1955）開設。紋別《もんべつ》郡滝上町《たきのうえちょう》）は、集落名がアイヌ語に由来する雄鎮内《おちんない》（付近の地形図にパンケオチンナイ川の名称が記載）だったにも拘らず、乗降場の名称は「ゆうちんない」だった。「おちんない」が「おちんちん」を連想してしまうことを嫌ったためと思われる。

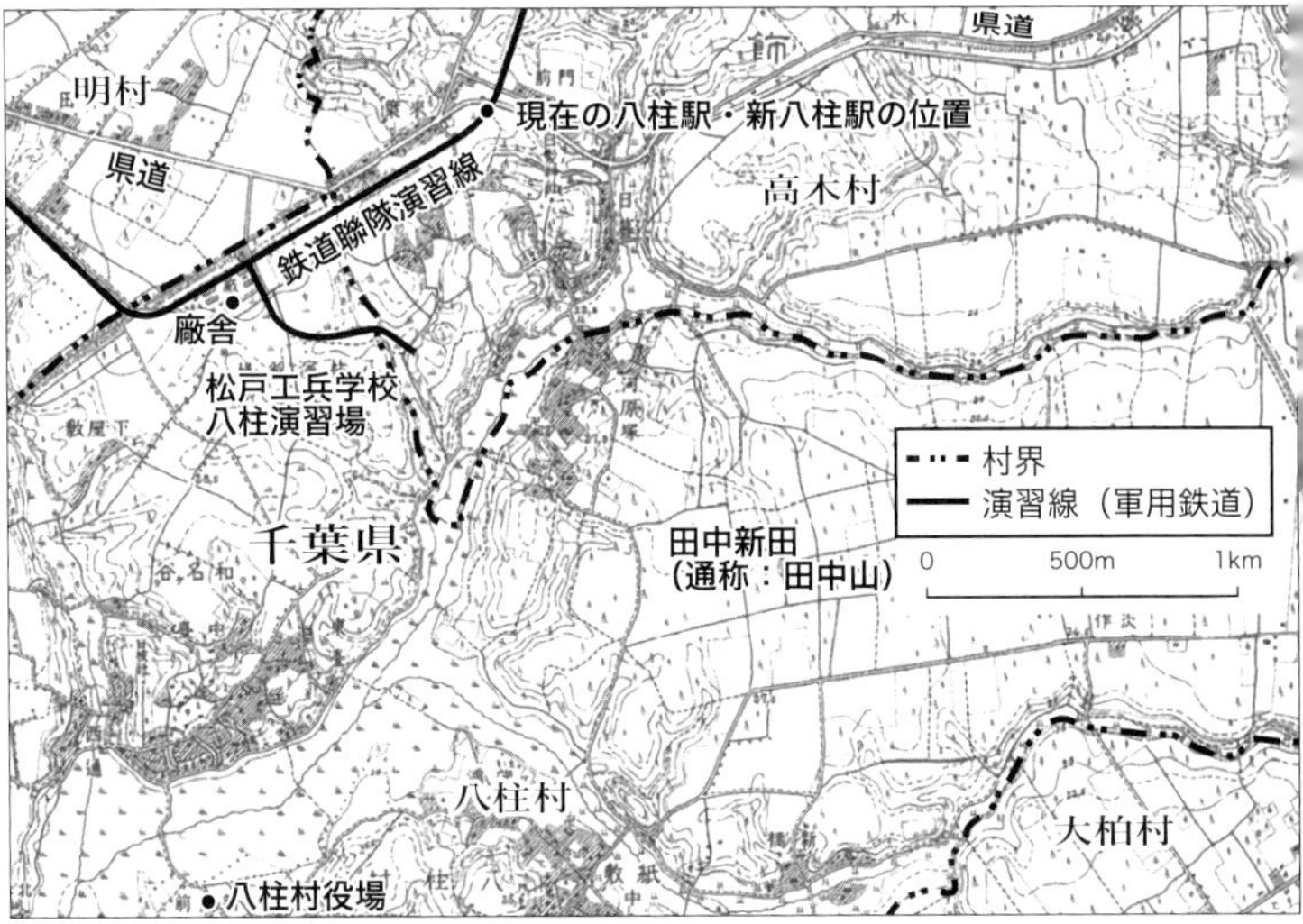

昭和7年（1932）発行の地形図に八柱霊園が造成される前の八柱村の村域などを加筆。八柱駅の位置は旧八柱村の村域から遠く離れていた。「今昔マップ」より。

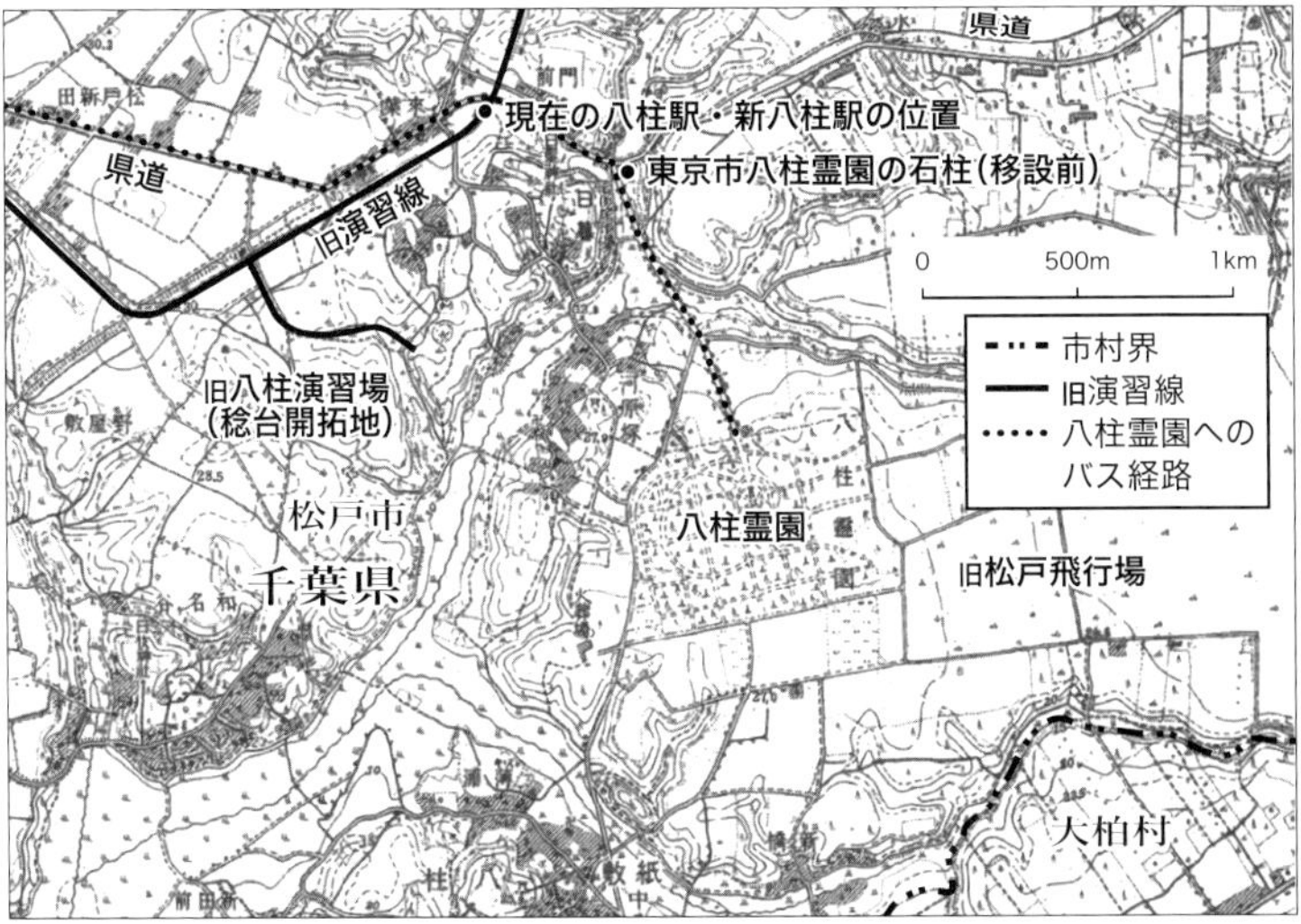

昭和22年（1947）発行地形図に加筆。松戸駅から八柱霊園まで乗合バスが運行された。参道に欅が植樹されたのは松戸町が市制施行した昭和18年（1943）。「今昔マップ」より。

26

なぜ京葉線の一部だけ海岸線に面しているのか？

京葉線の列車は、葛西臨海《かさいりんかい》公園駅を過ぎ、江戸川第一橋梁で旧江戸川を越えると、高架橋は10メートル以上の高さを維持したまま、千葉県浦安《うらやす》市の広大な埋立地を通っていく。新浦安《しんうらやす》駅を出発しておよそ50秒後、進行方向右側の車窓に、ほんの一瞬だが東京湾が視界いっぱいに広がる。ご存じだろうか。

距離にしておよそ600メートル、時間にしてわずか20秒ほどで再び埋立地に入ってしまうのだが、この部分だけぽっかりと海が迫っているのである。高架上だから実によく見える。なぜここだけ海岸に面しているのだろうか。その裏には、高度経済成長期に大規模に行なわれた東京湾埋め立てと自然保護をめぐる複雑な歴史が横たわっていた。

海の手前、埋立地に覆われた浦安といえば、東京ディズニーリゾートの町、あるいは東京のベッドタウンとしてあまりにも有名だが、もとは江戸川河口に栄えた漁師町だった。漁民との交流を描いた山本周五郎の『青べか物語』の舞台になった土地でもある（作品中は「浦粕《うらかす》」町とぼかされている）。

浦安の旧市街は、東京メトロ東西線の浦安駅を南に少し歩いたところにある。境川を挟

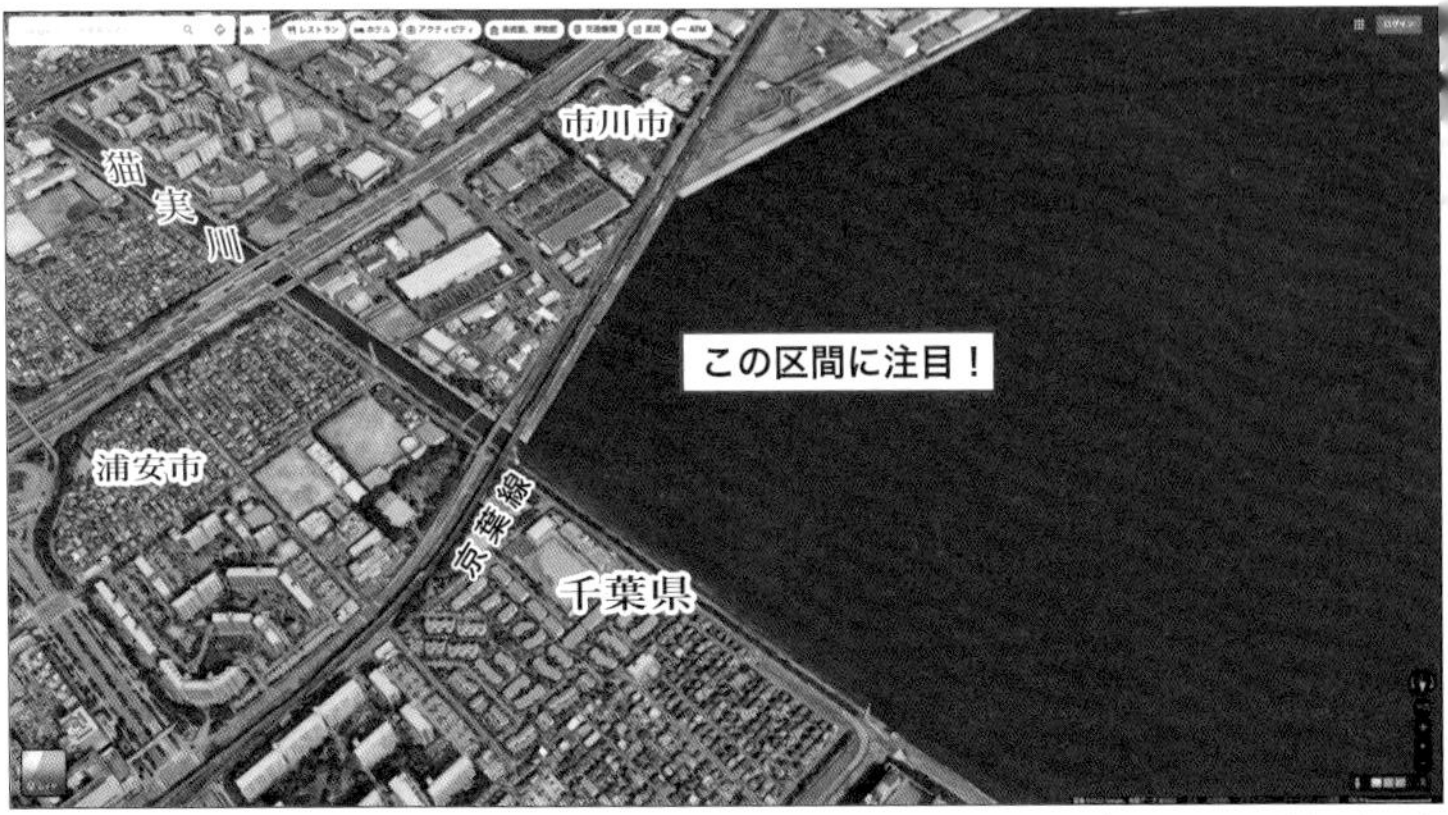

武蔵野線の新浦安～市川塩浜付近の3D画像（加筆）。猫実川の手前が浦安市、猫実川の奥が市川市。なぜここだけ線路が直接東京湾に面しているのだろうか。©2023 Google

んだ猫実《ねこざね》と堀江《ほりえ》だ。ほとんどの家屋が建て替えられたものの、かつての漁村らしく道幅は極端に狭く、往時の面影を見つけるのはたやすい。

『青べか物語』の題名にもなった「べか舟」と呼ぶ小舟がびっしり繋がれていたのが、旧猫実村と旧堀江村の境を流れる境川《さかいがわ》だった。今は静まり返っているが、昭和40年代半ばまで千数百艘のべか舟が、川幅が20メートルにも満たないこの川に繋留されていた。その名残は、川の両側の護岸に約1メートルおきに400メートルにわたって残る係船柱にしのぶことができる。

浦安の運命を変えたのが、「黒い水事件」とも呼ばれた昭和33年（1958）の海洋汚染だ。江戸川沿いの江戸川区東《ひがし》篠崎《しのざき》にあった本州製紙江戸川工場（現在は王子マテリア江戸川工場）が、強酸性の排液を江戸川に流したことで引き起こされた大規模な海洋汚染である。江戸川下流から周辺海域にかけて、魚介類の大量死滅が発生。町民の過半数が漁業関係者だった浦安にとって、目の前の海の魚介類死滅は死活問題だった（事件から7年後の昭和40年〔1965〕の国勢調査でさえ、就労人口8051人中1483人が漁業従事と回答。農業と答えた450人もその大半が半農半漁で漁業に従事）。

同様に利害を有する八ヶ浦《はちかうら》（浦安・南行徳《みなみぎょうとく》・行徳《ぎょうとく》・江戸川《えどがわ》・葛西《かさい》・城東《じょうとう》・深川《ふかがわ》・荒川《あらかわ》）にまたがる漁民の代表多数が、排液を流しつづける製紙工場はもちろんのこと、国会や都庁、千葉県庁に押しかけ、排液差し止めを強く要求する事態に発展したのである。

数ヶ月後ようやくこの製紙工場の排液問題は収束したが、事態は好転しなかった。人口増加や産業活動の活発化により、未処理の生活排水などが東京湾に垂れ流されつづけたこと、さらに海面埋め立てによる海水の滞留、干潟消滅による自浄作用の消失といった要素が加わり、水質は悪化。水揚げは減少の一途をたどった。浦安の漁業組合は、昭和37年（1962）に漁業権の一部を放棄。昭和46年（1971）に漁業権を全面放棄している。

昭和37年（1962）公開の川島雄三《かわしまゆうぞう》監督『青べか物語』では、全編にわたって浦安（劇中では浦粕）が舞台である。活気あふれる漁師町らしい風景は、今の小洒落《こじゃれ》た浦安とは別世界のようだ。スクリーンいっぱいに映し出されるほとんど陸化した広大な干潟《ひがた》の風景には息を呑む。

昭和45年（1970）に公開された渥美《あつみ》清《きよし》主演の『男はつらいよ　望郷篇』の物語の舞

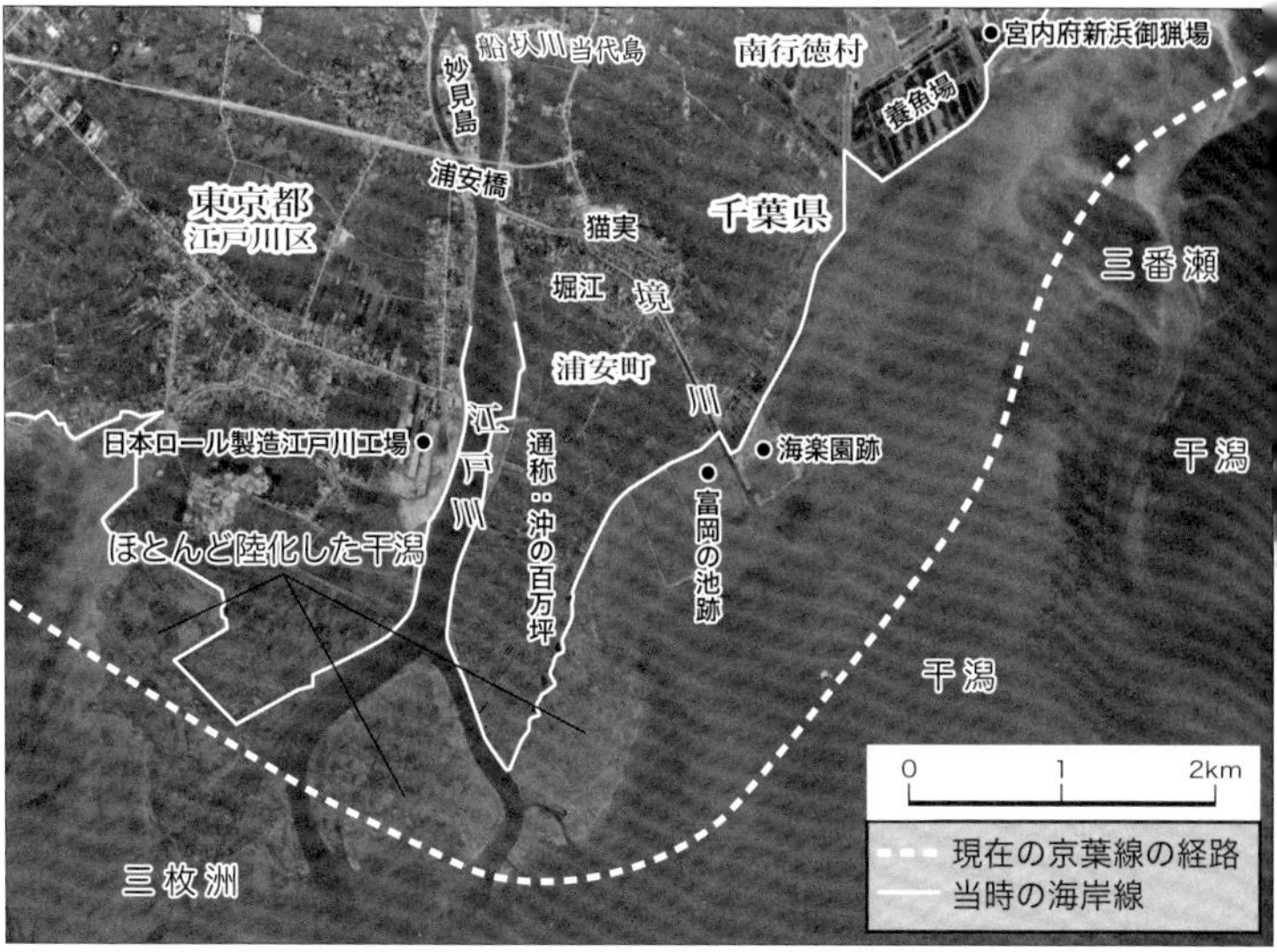

埋め立てが始まる前の浦安周辺。陸かと見まがうような広大な干潟に覆われていた。京葉線が通るあたりは一面の干潟である。昭和22年（1947）8月撮影の空中写真に加筆。

台も浦安で、漁師町の面影を宿した風景が映されている。境川を埋めつくすように繋留されたべか舟と川の中央を舟が行き交う様子が一瞬映るのだが、翌年漁業権を全面放棄するとは思えない活気のある漁港風景である。本作で『男はつらいよ』の幕引きを考えていた山田洋次《やまだようじ》監督が満を持して選んだ撮影地に、企画当初物語の舞台として構想していた浦安を選んだ気持ちがわかる気がする。

　現在の浦安市の面積は、埋め立て開始前のほぼ4倍に増えた。新たに生み出された浦安の土地は、漁民の生きる糧《かて》だった豊かな海と引き換えに手にした「苦い果実」だったといえなくもない。

　埋立地造成や地下鉄東西線開通で人口が

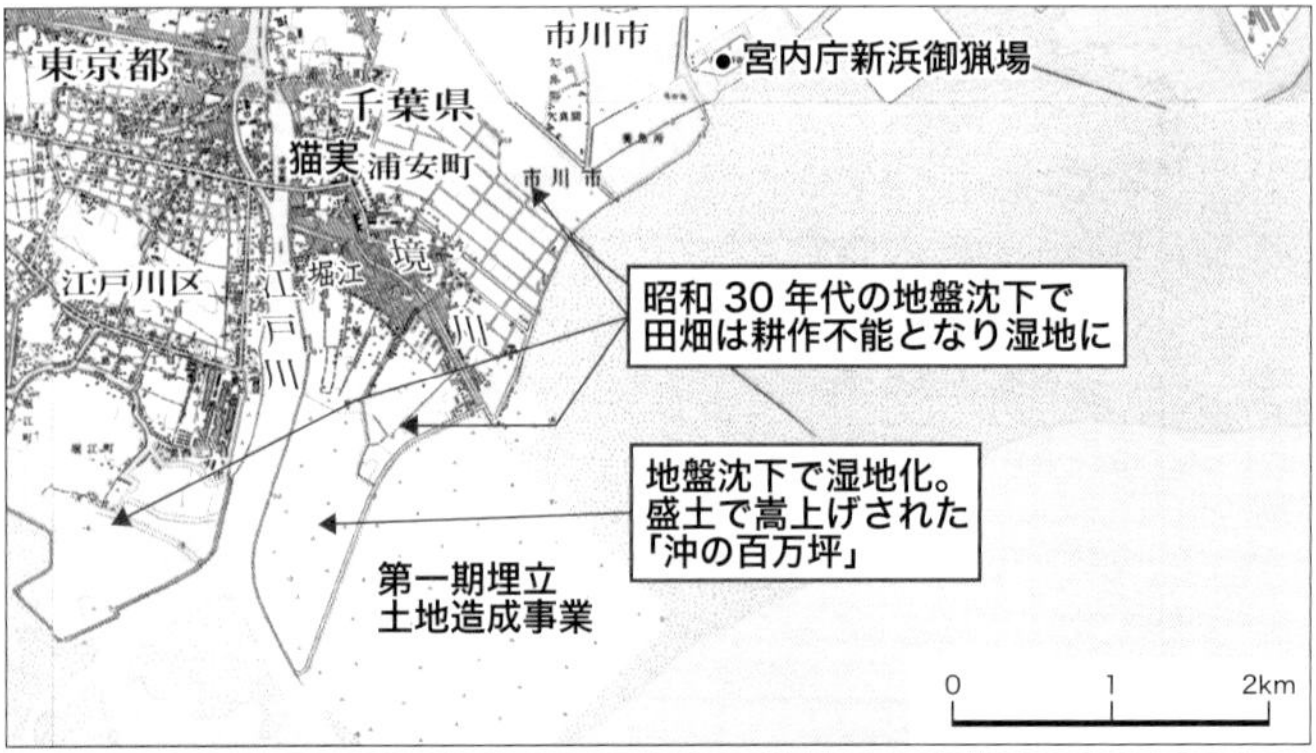

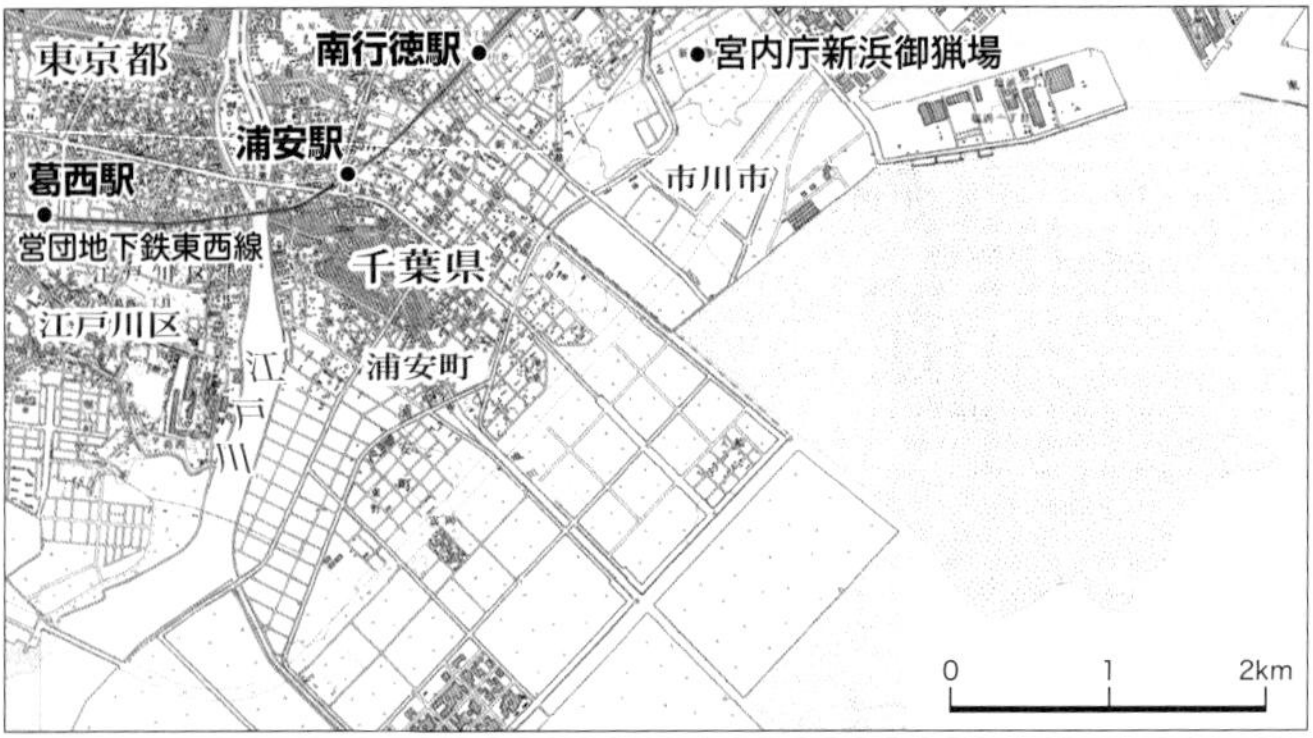

上は昭和42年（1967）発行、中は昭和53年（1978）発行の地形図に加筆。「今昔マップ」より。下は「地理院地図」に加筆。浦安の埋立土地造成事業を示す。

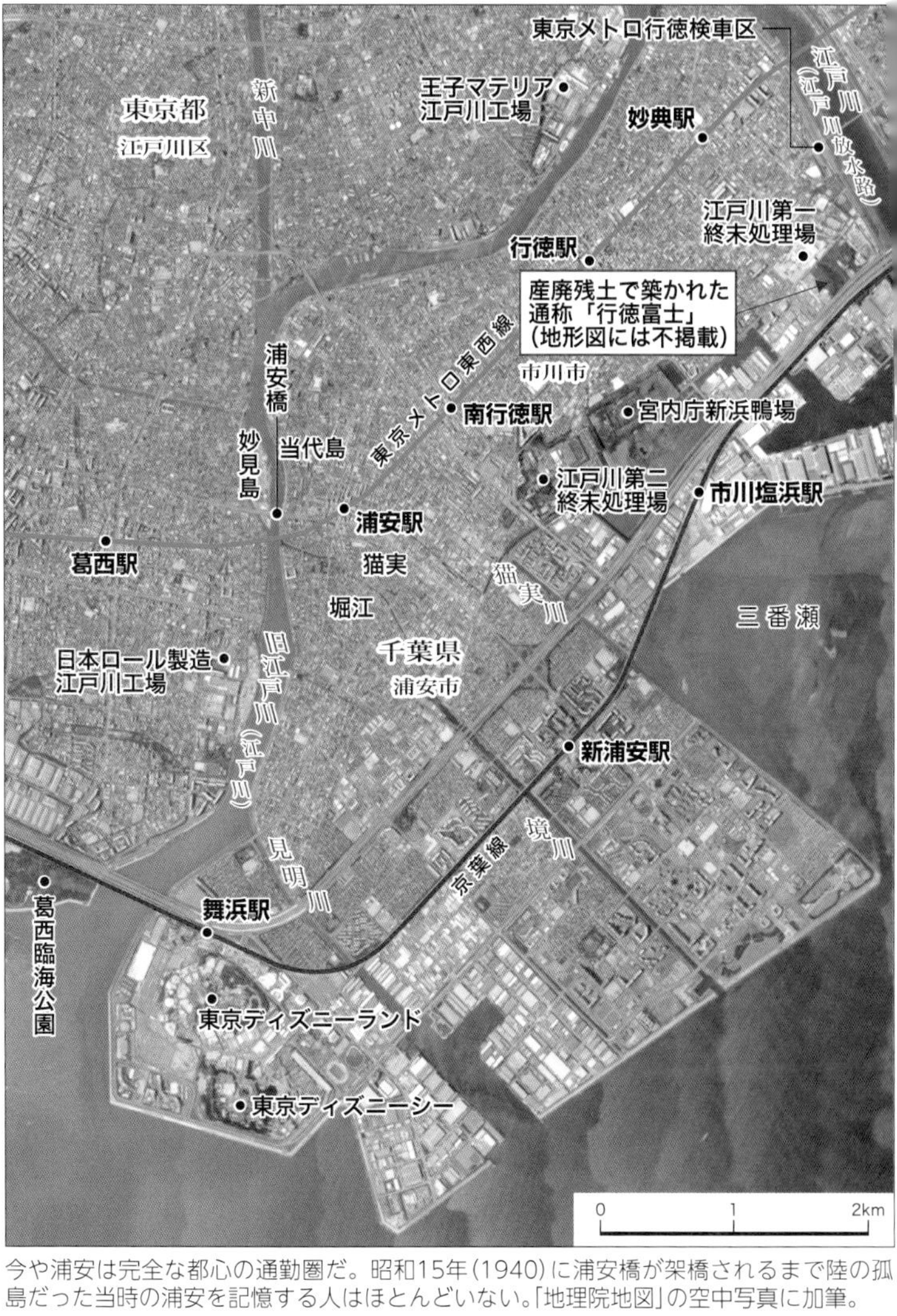

今や浦安は完全な都心の通勤圏だ。昭和15年（1940）に浦安橋が架橋されるまで陸の孤島だった当時の浦安を記憶する人はほとんどいない。「地理院地図」の空中写真に加筆。

急増した浦安町《うらやすまち》は、昭和58年（１９８３）に単独で市制施行している。埋め立て開始前の浦安町の人口が１万８４６３人（昭和40年〔１９６５〕の国勢調査）だったのに対し、現在の浦安市の人口は17万１３６２人（令和２年〔２０２０〕の国勢調査）。実に９倍以上である。京葉線沿線とその南東に広がる新市街は、東京湾の干潟を大規模に埋め立てて造成された土地だ。

東京湾は大潮の干満差がだいたい2〜3メートルあり、多摩川河口付近から富津岬《ふっつみさき》までの間に干潟が広く発達していた。かつて横浜と横須賀以外に東京湾内にまともな港湾がなかったのは、遠浅の浜と干潟という地形が立ちはだかっていたからである。たとえば国際貿易港としての東京港が開港したのは昭和16年（１９４１）である。隅田川から吐き出される土砂の堆積で、絶え間ない浚渫《しゅんせつ》なしには港湾機能は維持できなかった。

東京湾全体の干潟は、１３６平方キロあったといわれる。現在の川崎市に匹敵する面積である。だが、その９割までが失われてしまい、自然の干潟は木更津市の小櫃川《おびつがわ》河口に広がる盤洲《ばんず》干潟と東京湾最奥の三番瀬《さんばんぜ》だけになってしまった。

干潟と周辺の海は魚介の宝庫だった。ところが戦後の高度経済成長期に、東京湾内に42あった千葉県の漁業協同組合のうち37漁協が漁業権放棄に追い込まれた。東京湾沿岸の漁民はほとんどが生業の転換を余儀なくされていったのである。

京葉線の新浦安駅を出てほどなく見えてくる海こそが三番瀬である。三番瀬もまた隣接地域と同じく「市川二期地区」「京葉港二期地区」という名で大規模な埋め立て計画が持ち上がっていた。昭和38年（1963）の計画策定当初、市川二期は約470万平米、京葉港二期は約270万平米という広大な水面を埋め立てる予定だった。ところが1970年代に入り、公害が社会問題化し、失われゆく貴重な自然の保護が焦点になった。三番瀬は、干潟を守れといった環境団体などの幅広い抗議の声でかろうじて埋め立てが中止された。それが京葉線の一部だけ海岸に面している真相だったのである。この場所は、ある意味で日本の自然保護の歴史が凝縮されているといえなくもないのだ。

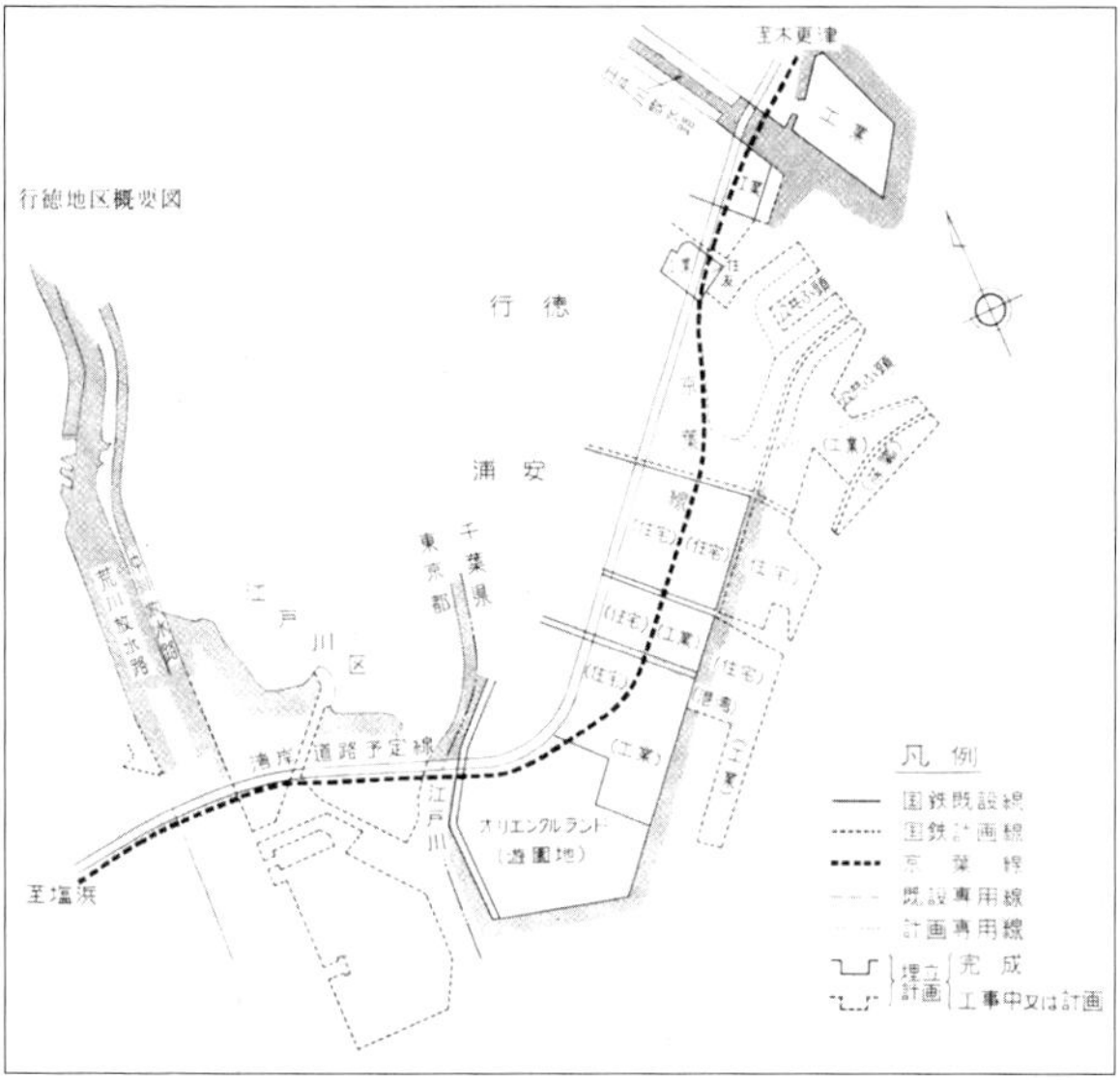

当初は、三番瀬も大規模な埋め立てが行なわれる予定だった。『交通技術』（1969年4月号）に掲載された「京葉線・小金線の工事計画」の添付図を引用。

27

なぜＪＲと京成は至近距離を並走しているのか？

東京方面から千葉に向けて３本の鉄道が延びている。ＪＲ総武線と京葉線、それに京成線である。奇妙なのは、津田沼《つだぬま》から先、幕張《まくはり》付近までの間を総武線と京成千葉線がピタリと並んでいることだ。なぜこの二つの線は近接しているのだろう。

大規模な埋め立てが始まる前に開通した総武線と京成線が線路を敷設できたのは海岸沿いの狭い平坦地しかなかったから、近くて当然だろうという声が聞こえてきそうだ。

たしかに総武線や京成千葉線は、東京湾岸の埋め立てが始まるずっと前の建設である。京葉線が部分開業（西船橋～千葉港《ちばみなと》〔現在は千葉みなと〕）したのは昭和61年（１９８６）。明治27年（１８９４）に市川～佐倉《さくら》間が開業した総武線（開業当時は私設鉄道の総武鉄道）はもとより、大正10年（１９２１）の京成千葉線開業から数えても60年以上経っている。

大規模な埋め立てが始まるまでの京葉間に平坦地が少なかったのは事実だ。ただ、線路が海岸段丘下の狭い低地に敷設されたかといえば、そうではないのだ。船橋以東の区間の大半が台地上に建設されている（左ページの図）。総武線と京成線の異様といっていいほどの線路の近さの原因をもっぱら地形に求めることはできないのである。

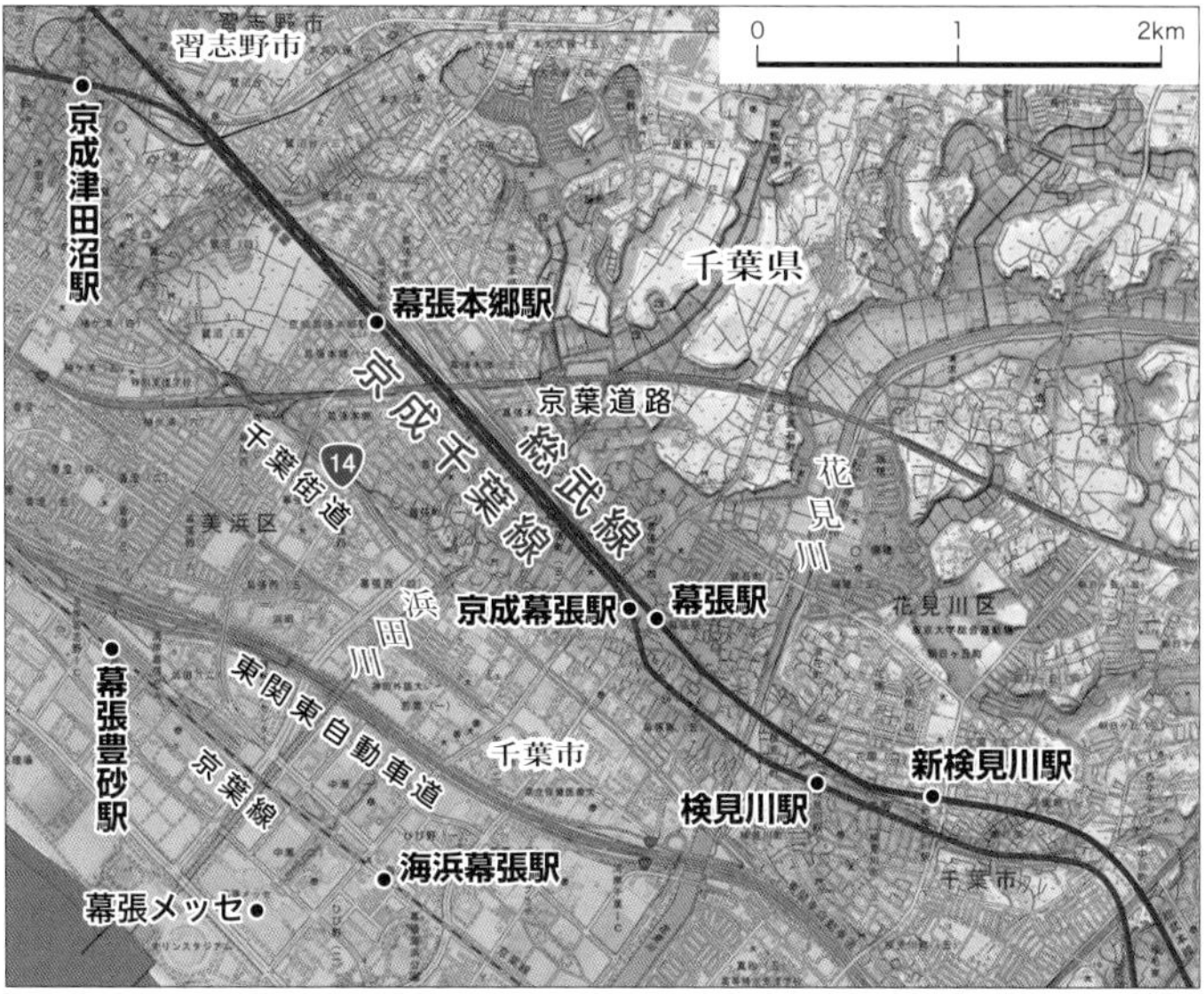

津田沼を出たあたりから幕張付近まで、総武線と京成千葉線はほぼ並走している。なぜこのような線形は生まれたのか。最新の「地理院地図」に加筆。

むしろ主因として挙げられるのは、当時の集落が千葉街道（国道14号の旧道）沿いにしか発達していなかったことだろう。明治期の地形図を見ると、東京と千葉の間は、千葉街道沿いに蟻の門渡りのようにか細い人家の連なりがつづいているだけだった。

千葉街道の北に広がるのが下総《しもふさ》台地である。江戸時代の下総台地は、水の湧く谷あいを除いた大半が原野で、軍用馬を育成する幕府の「牧《まき》」（放牧場）が広がっていた。大きく分けて西側を小金牧《こがねまき》、東側を佐倉牧《さくらまき》と称した（151ページの図）。

明治維新で江戸幕府が倒れると、職を失った旗本や奉公人、武家屋敷に出入りしていた職人など窮民救済のため、新政府は明治2年（1869）に民部官《みんぶかん》の下に開墾局《かいこんきょく》を設置。東京から開拓民を小金牧や佐倉牧に入植させた。「東京新田」という呼び名もあった開墾地だが、農業未経験者による開墾はうまくいかず、逃亡が相次ぐ。結局大半の土地は、近在の農家の次男以下があらためて入植して切り開き、ようやく農地となった。開墾の痕跡といえるのが、「一」を意味する「初富《はつとみ》」から「十三」を意味する「十余三《とよみ》」までの数字のついた東京新田の集落や旧佐倉牧の土地に点在した「〇〇開墾」という地名である。ともかく、かつての下総台地は、首都圏のベッドタウンとなった現在とは似ても似つかない風景が広がっていた。下総台地の奥深くに鉄道を通すどころではなかったのだ。昭和54年（1979）に開業した北総《ほくそう》鉄道が、平成16年（2004）に改称するまで長らく「北総開発鉄道」を称していたのが、はからずも下総台地開発の遅れを物語っている。

京成電鉄の前身である京成電気軌道は、その名のとおり、東京と成田を結ぶ意図があった。だが、採算面を考慮し、人口の多い県都千葉に向けて先行して路線を延ばすこととし、大正4年（1915）、京成は船橋～千葉間を併用軌道（路面電車）で出願している。当初の経路は船橋を出た後、船橋大神宮下《ふなばしだいじんぐうした》から千葉街道を併用軌道で千葉を目指すものだった。ところがこの計画は、既存の総武線に並行し、目下の交通状況では必要ないという理由で却下されてしまう。すでに京葉間の鉄道に関しては同様の計画を出した会社が複数あった

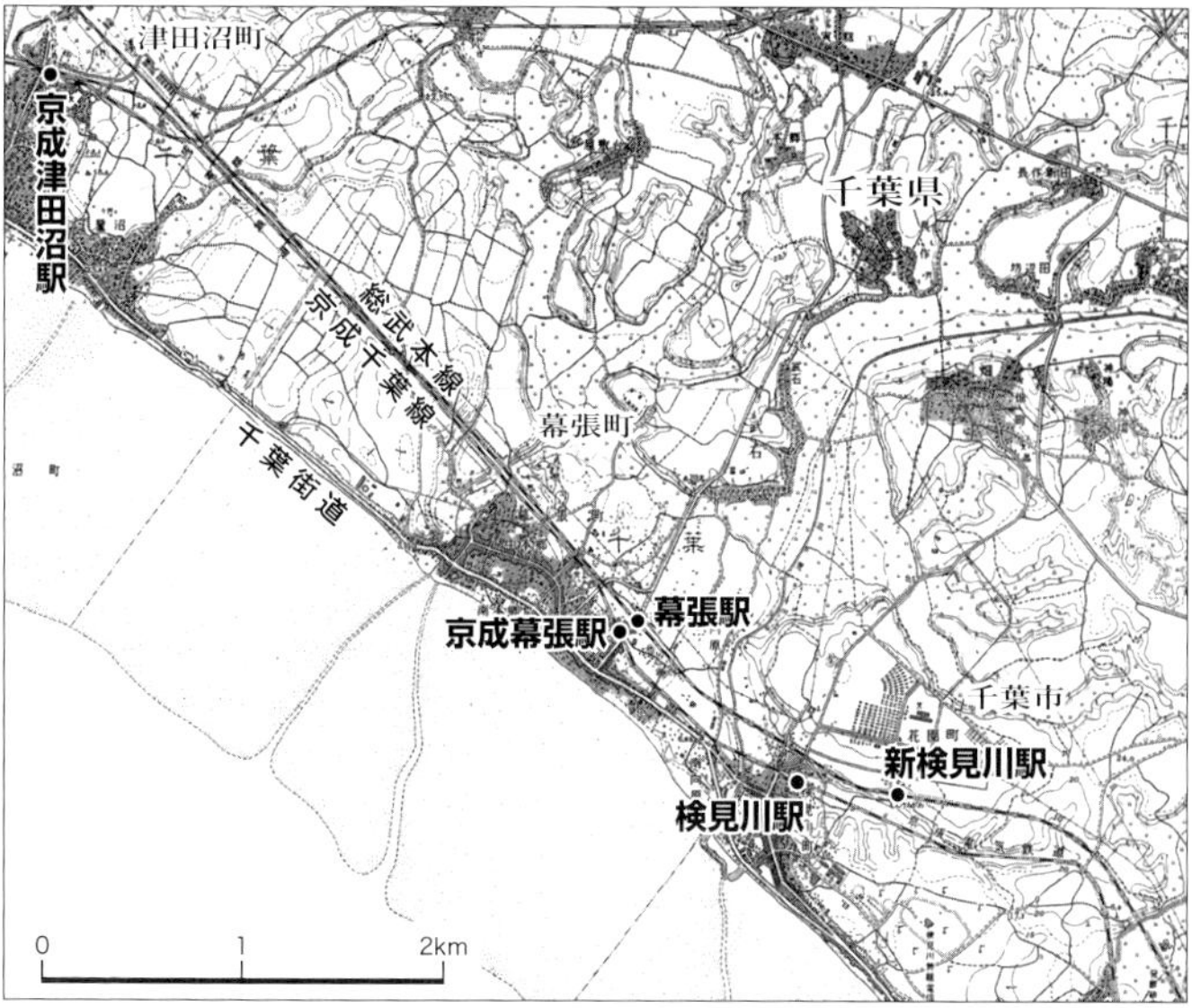

船橋から千葉にかけて、千葉街道沿いにへばりつくように市街地が発達し、鉄道は市街の後背地に敷設された。昭和30年（1955）ごろ発行の地形図に加筆。「今昔マップ」より。

が、いずれも却下されてきた事情もあった。ところがすでに船橋以西には京成線が開通しており、電車の利便性は沿線住民に知れ渡っていた。

大正6年（1917）には、千葉までの沿線町村の首長や県会議長など地元有力者が軒並み名を連ねた嘆願書が総理大臣と内務大臣（鉄道を所管）宛に出されたということもあり、鉄道院が再度検討した結果、大正7年（1918）になってようやく建設が認められたのである。当初の併用軌道主体の経路から、専用軌道主体の現在の経路に変わっている。

津田沼の東から幕張まで総武本線に並走する経路で、駅については市街地に近づけつつ、できるだけ買収の容易な土地を選んだ。敷設前あるいは開業直後の地図を見れば、できるだけ既存家屋にかからない経路を選択したことがわかる。

津田沼は総武線と京成の駅位置が直線距離で1キロ近く離れているが、当時の集落に近接していたのは京成のほうだった。海沿いの千葉街道沿いに、明治の大合併で誕生した津《つ》田沼町《だぬままち》の名前のもとになった谷津《やつ》、久々田《くぐた》（地形図の表記は「久久田」）、鷺沼《さぎぬま》の3集落がなかよく並んでいたが、京成線は久々田の集落に近づいて津田沼駅を設置しているのである。津田沼駅を離して設置したのは、既存の津田沼駅周辺には近衛師団《このえしだん》所属の鉄道第二聯隊《てつどうだいにれんたい》が使用する広大な用地が確保されており、近づきたくとも近づけないという事情もあっただろう。

当時の地形図を眺めるかぎり、京成千葉線は、田畑の土地を選び、極力人家を避けた、あたかも針穴を通すような絶妙な用地選定を行なっていた。だが『京成電鉄五十五年史』には、「相変わらず予定線住民の地価つりあげで手間どり」「新線の建設計画は、用地買収の遅延を主因として1年余りの空費を余儀なくさせられてしまったのです。」「しかし難行をきわめた用地買収もメドがつきましたので、全線を4工区に分け、予算120万円で土木工事に着手したのです。」とあり、用地買収には相当てこずったらしい。民間の鉄道会社にとって、用地買収の成否はそのまま経営に直結したから、経路の選択は切実だった。

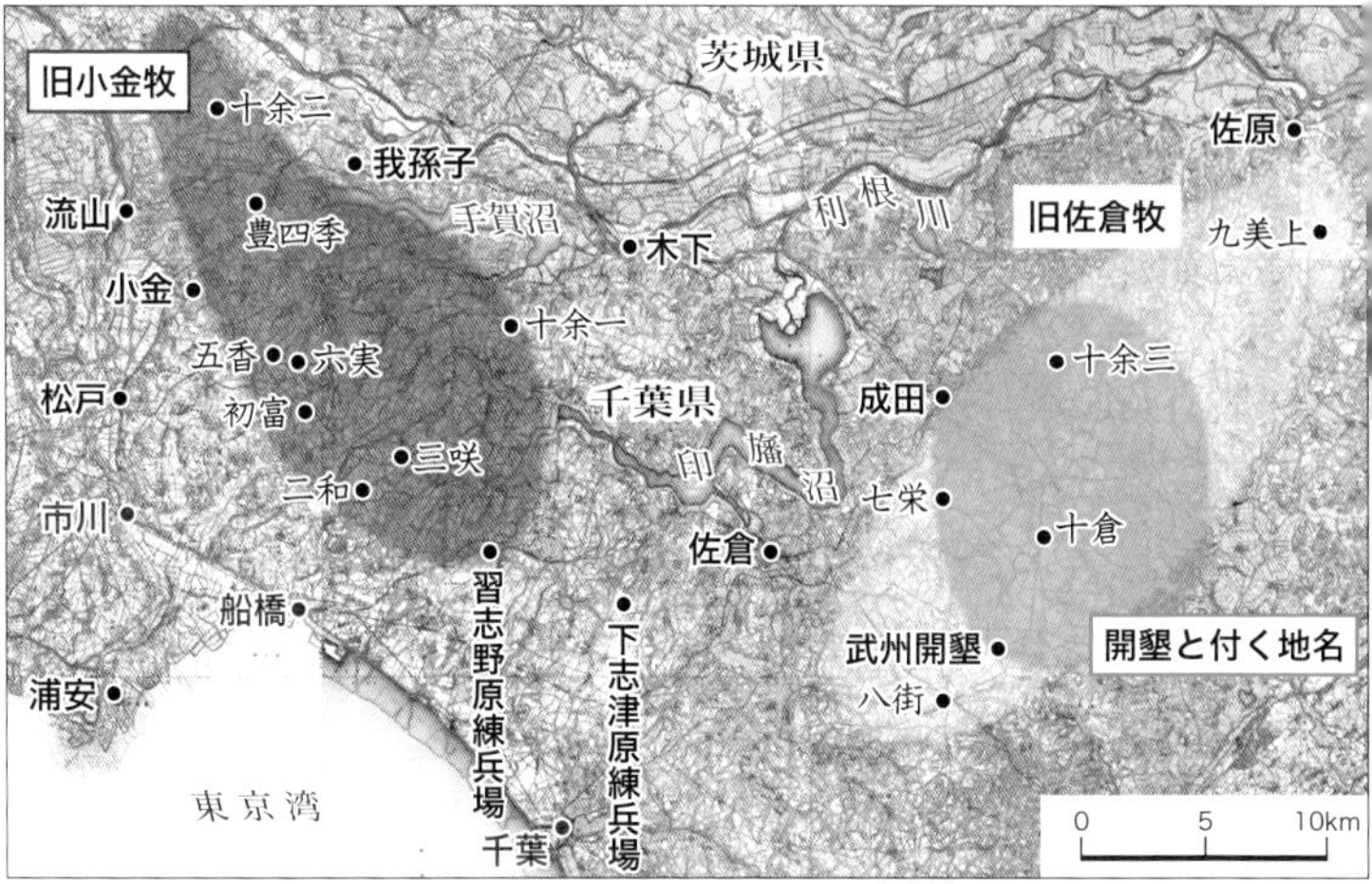

明治維新後、下総台地は開墾の対象だった。総武本線が八《や》街《ちまた》経由になったのは、八街が政府肝いりの開墾拠点だったためといわれる。明治末期の地形図に加筆。「今昔マップ」より。

用地買収に時間がかかったりすれば、開業時期は延び、会社の死活問題に直結する。

再びなぜ津田沼〜幕張付近で京成が総武線と並走する経路で建設したのかという疑問に戻ろう。むろん直線区間でこの用地選定が最も合理的だったことがいちばんだろう。鉄道聯隊用地や市街地を避ける関係で津田沼駅を現在の京成津田沼駅の位置に設置するとなれば、そこから幕張方面への最短かつ最良の経路は、総武線と並走する経路となる。だから充分合理的な経路選択だといえる。だが、なにか釈然としない。それだけとも思えないのだ。これは著者の推測だが、自社の導入する電車の力を見せつける(今風の言い方をするなら、「可視化する」)意図があったのではないか。

所要時間、運転間隔、運賃どれをとっても京成がまさっていた。しかも京成は電車だったから、総武線を走る蒸気機関車のように車内に煤煙が入る心配もなかった。トンネルで急いで窓を閉める必要もない。自社の優位性を示すうえで、並走区間の存在はなによりも大きかったのではないだろうか。

そうした実例に名鉄（名古屋鉄道）の名古屋本線がある。豊橋〜名古屋〜岐阜を結ぶ名鉄名古屋本線は、開通以来、国鉄の東海道本線を常に意識してきた。国鉄が民営化されるまで、所要時間、運転間隔、運賃、車内設備など、ほぼすべての点で名鉄が凌駕していた。かつて名鉄は、東海道本線と並走する愛知県一宮《いちのみや》市付近で、C62が牽引する国鉄の看板列車「つばめ」か「はと」を名鉄電車が追い抜く宣伝映像を撮影したことがあったと記憶する。

昭和に入ったころ、京成は、筑波《つくば》高速度電気鉄道（会社を設立して線路敷設の免許は得たが、建設費の目処が立たず未着工）を合併し、同社が保有していた上野〜日暮里〜流山〜守谷《もりや》〜筑《つく》波山《ばさん》の免許の都心部分を利用することで、青砥《あおと》〜上野公園（現在の京成上野）間の建設を進めた。昭和8年（1933）に待望の上野乗り入れが実現し、都心連絡がさらに便利になった。

だが、このあたりから鉄道省の逆襲が始まる。昭和7年（1932）に総武線が両国から隅田川を越えて、秋葉原、御茶ノ水へと延伸。さらに昭和10年（1935）までに御茶ノ水～千葉間の電化が完成。昭和11年（1936）には、都心と千葉県北西部を結ぶ常磐線の上野～松戸間の電化が完成する。案の定、京成線の打撃は大きかった。

京成潰しとも思える一連の動きに関し、『京成電鉄五十五年史』はこう叙述している。

「この総武線は明治39年の国有化以来、両国駅を起点として、東京と千葉全県を結ぶ最良の路線を誇って、県下交通を掌中に収める地位にありました。当社創業のころは、当社路線に比して絶対有利な立地条件にありながら、蒸汽《ママ》機関車による貨客の輸送では、とうてい電車に太刀打ちできるはずはなく、競争線というより、むしろ問題にならず、当社は一方的にその優位を誇ってきたのでした。国鉄は、この半永続的弱勢を挽回するため、両国駅でストップされている中途半端な立地条件の改善を決意、両国・お茶の《ママ》水間をつなぎ、山手線・京浜東北線・中央線と接続することと、その電化を決定、当社上野線開通時（昭和8年12月）前の6年11月には我孫子・日暮里間の常磐線電化計画を発表し、更に7年7月1日にはお茶の《ママ》水・両国間の複線を開通、次いで8年3月15日には市川まで総武線を電化、同年9月15日には市川・船橋間を延長電化と矢継ぎ早に工事を強行して、10年7月1日、ついにお茶の《ママ》水・千葉間の全線電化を完成しました。国家権力を投入しての「ハサミ打ち電化」によって、当社が苦境に追い込まれたのは当然のことといえましょう。」

「官業」による「民業」圧迫への怨嗟がにじみ出ている。

28

なぜ湘南モノレールは住宅地をくねくね走れるのか？

モノレールは跨座式《こざしき》と懸垂式《けんすいしき》に大別される。跨座式とは聞きなれない言葉だが、浜松町〜羽田間を走る東京モノレールが跨座式と聞けば、うなずく人が多いだろう。上北台《かみきただい》（東京都東大和市《ひがしやまと》）と多摩センター（東京都多摩市）を結ぶ多摩モノレールも跨座式である。それに較べて懸垂式モノレールに乗車したことがあると自信をもって言える人はどれほどいるだろうか。関東では、千葉モノレールと湘南《しょうなん》モノレールが懸垂式である。

動物園（名古屋の東山《ひがしやま》動物園）の乗り物でしかなかった懸垂式モノレールを市中の交通機関として日本で初めて実用化したのが、昭和45年（1970）に営業を開始した湘南モノレールである。

江《え》の島《しま》を訪ねる人の多くは江ノ電（江ノ島電鉄）か小田急江ノ島線を利用しているだろう。それが悪いと言うつもりは毛頭ないが、たまには大船《おおふな》から湘南モノレールで江の島を訪ねてもいいのではないかと思うのだ。途中から絶え間なく現れる曲線や最大74パーミルの急勾配をものともせず、最高時速75キロで疾走する湘南モノレールはジェットコースターのような乗り心地で、理屈抜きに楽しい。乗車したことのない人は人生の楽しみを一つ失っ

湘南モノレールの3D画像（加筆）。整然とした宅地の街路をあざ笑うかのように自在に曲がりくねるモノレールの線形が印象的だ。©2023 Google

ているのではないかと、断言したくなるほどだ。

湘南モノレールは数奇な運命をたどって開通している。上は、すっかり宅地開発された西鎌倉駅付近の3D画像だが、モノレールは窮屈な宅地の街路と関係なく自由に曲線を描いているように見える。すでに宅地化が始まっていたこの地域において、なぜこういう線形が可能だったのか。

その謎を解く鍵が、「道路」である。湘南モノレールは、ほとんどの区間が元からあった道路上に敷設されていたのである。ただしその道路は「私道」である「京浜急行自動車専用道路」だった。

この道路の歴史は古い。江ノ島電気鉄道の経営に参画していた実業家の菅原通済《すがわらつうさい》（戦後の小津安二郎《おづやすじろう》監督作品に多数客演するなど、鎌倉文化人でもあった）が自ら手がけた鎌倉山住宅地分譲との相乗効果を狙い、大船と片瀬《かたせ》を結ぶ日本初の自動車専用道路として昭和5年（1

モノレール沿線の大部分が住宅地に変貌。湘南モノレールは、鎌倉山付近も道路に建設する予定だったが、急勾配や急曲線に加え、桜並木で知られる風致地区（高級住宅地）を通ることからトンネルに。世界初の懸垂式モノレールのトンネルだった。「地理院地図」に加筆。

930）ごろに開通させたのが始まりである。京浜急行電鉄が昭和25年（1950）に運営を引き継ぎ、有料道路営業と乗合バスの運行を開始している。

　モノレールの軌道がやけに曲がりくねっているように見えるのは、モノレールの軌道桁を設置した京急道路が沢筋の地形に

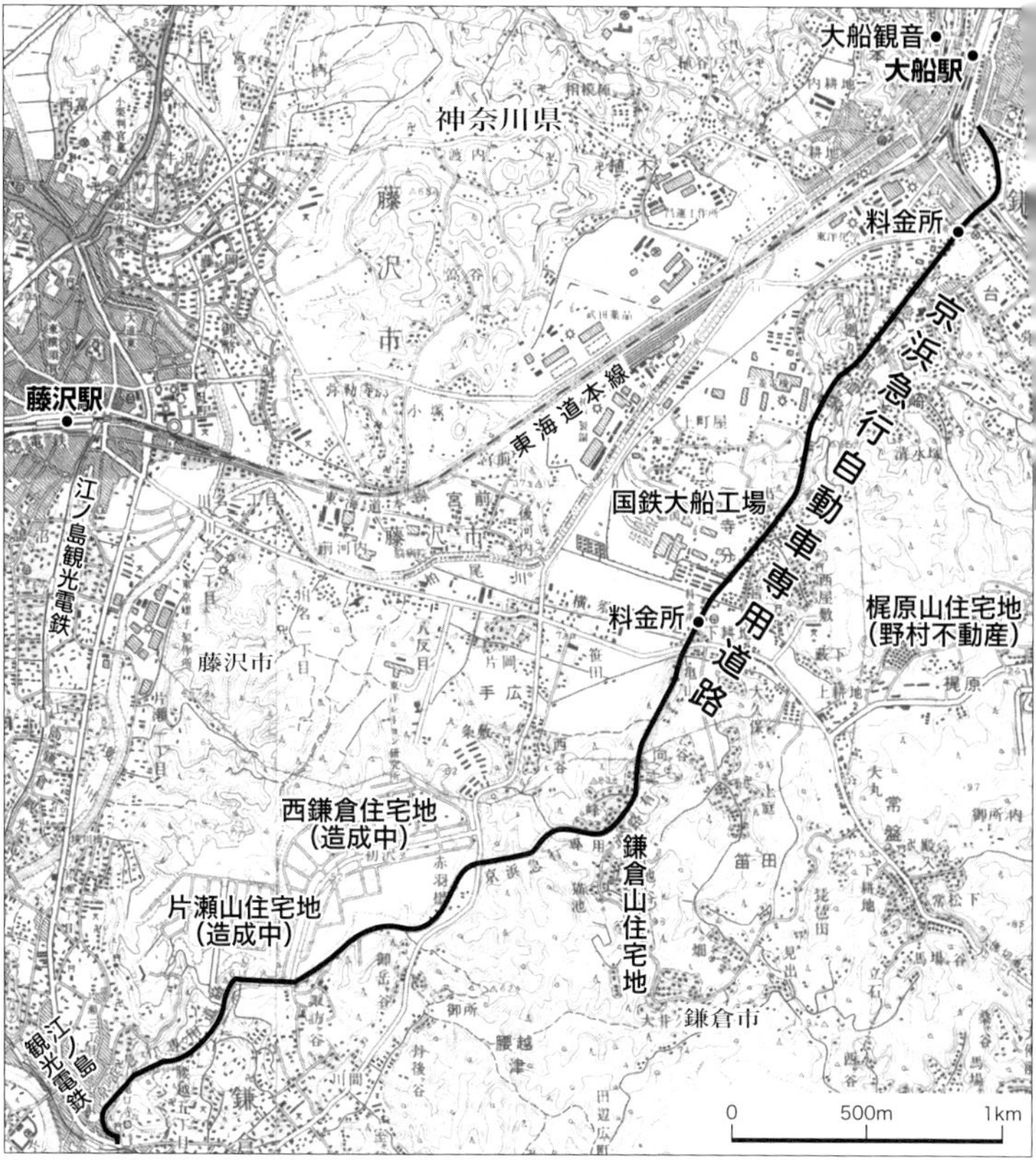

右ページと見比べると、湘南モノレールが自動車専用道路に敷設されたことがよくわかる。西武鉄道による西鎌倉住宅地、三井不動産による片瀬山住宅地の大規模な開発が始まったころ。昭和42年(1967)発行の地形図に加筆。「今昔マップ」より。

沿っているためなのである。

　京急道路は周囲が市街化するにつれ、地域の生活道路に変質していった。既存道路と隔絶した高規格道路や山岳道路はともかく、市中の道路では途中に交差点などもある。すべての交差点に料金所を設けるわけにもいかず、どうしても不公平感が出

湘南モノレール終点の湘南江の島駅の新しい駅ビル(高さ15.3m)に新設されたルーフテラスからの眺め。江の島や湘南海岸はもとより、箱根連山や富士山が一望できる。

てくる。昭和43年(1968)に開通した千葉県の市川松戸有料道路(現在は無料開放)もそうで、途中には交差点が多数あり、料金所を通らなくても利用可能だった。不公平だと裁判が起こされたほどである(請求は棄却)。京急道路も有料道路としての運営が困難となり、平成元年(1989)までに地元自治体に譲渡され、無料開放されている。

湘南モノレールは、終点の湘南江の島駅のホームが地上高13・6メートルの位置にあるのも奇妙である。実は、江の島にもっと近づけて駅を設置したかったのが諸事情でかなわず、そのため片瀬《かたせ》山《やま》トンネルを抜けた先、絶壁の中腹に高架橋で取り付けられた京急道路を跨いだ直後の位置に5階建ての駅ビルを建設して、最上階を湘南江の島駅のホームにしたのである。

《主な参考文献》

宮脇俊三・原田勝正／編『日本鉄道名所　勾配・曲線の旅3』小学館　1987
竹内正浩「復興計画の未通区間を歩く」(『東京人』2022年2月号所収)
帝室林野局／編『帝室林野局五十年史』帝室林野局　1939
『渋谷駅100年史』日本国有鉄道渋谷駅　1985
『新宿駅100年のあゆみ』日本国有鉄道新宿駅　1985
菅原恒覧『甲武鉄道市街線紀要』甲武鉄道　1896
『明治二十一年撮影　全東京展望写真帖』大塚巧芸社　1932
東京南鉄道管理局／編著『東京驛々史』東洋館印刷所出版部　1973
『上野駅100年史』日本国有鉄道上野駅　1983
『上野驛史』上野駅互助団　1932
東京モノレール社史編集委員会／編『20年のあゆみ』東京モノレール　1985
京浜急行電鉄／編『京急グループ110年史　最近の10年(1998年～2008年)』京浜急行電鉄　2008
東京都北区役所／編『新修北区史』東京都北区役所　1971
今尾恵介『地図と鉄道省文書で読む私鉄の歩み　関東2』白水社　2015
今尾恵介『地図と鉄道省文書で読む私鉄の歩み　関東3』白水社　2015
内田宗治『地形と歴史で読み解く 鉄道と街道の深い関係』実業之日本社　2021
河尻定『鉄道ふしぎ探検隊』日本経済新聞出版社　2018
京王帝都電鉄総務部／編『京王帝都電鉄30年史』京王帝都電鉄総務部　1978
澤柳政義『野球場建設の研究』野球場建設の研究刊行会　1951
田中行男「武蔵野東線の開業設備計画」(『交通技術』1968年12月号所収)
田中行男「武蔵野西・南線の工事計画」(『交通技術』1969年2月号所収)
田中行男「京葉線·小金線の建設計画(その1)」(『交通技術』1969年4月号所収)
田中行男「京葉線·小金線の建設計画(その2)」(『交通技術』1969年5月号所収)
岩尾忠人・金子静夫・井上寿男「武蔵野線新小平駅台風災害復旧工事」(『土木施工』1992年4月号所収)
川口市／編『川口市史　通史編』下巻　川口市　1988
柏市史編さん委員会／編『柏市史　近代編』柏市教育委員会　2000
河原塚史編纂委員会『わが街河原塚いまと昔の物語』千葉日報社　2016
山本周五郎『青べか物語』文藝春秋新社　1961
千葉の干潟を守る会／編『千葉の干潟を守る会40年史』2011
京成電鉄社史編纂委員会／編『京成電鉄五十五年史』京成電鉄　1967
森川天喜『湘南モノレール　50年の軌跡』神奈川新聞社　2023
慶應義塾大学鉄道研究会『鉄道雑学事典』広済堂出版　1976

著者

竹内正浩　（たけうち　まさひろ）

1963年愛知県生まれ。文筆家、歴史探訪家。

地図や鉄道、近現代史をライフワークに取材・執筆を行なう。

著書に『妙な線路大研究 東京篇』『妙な線路大研究 首都圏篇』『妙な線路大研究 東北・北海道・上越・北陸新幹線篇』（実業之日本社）、『鉄道歴史散歩』（宝島社）、『ふしぎな鉄道路線』（NHK出版）、『地図と愉しむ東京歴史散歩』シリーズ（中央公論新社）など多数。

装丁　杉本欣右
編集・地図と図版制作　磯部祥行（実業之日本社）

じっぴコンパクト新書　402

JIPPI Compact

カラー版《ばん》　もっと妙《みょう》な線路《せんろ》大研究《だいけんきゅう》
東京《とうきょう》・首都圏篇《しゅとけんへん》

2023年7月18日　初版第1刷発行

著　者……………竹内正浩
発行者……………岩野裕一
発行所……………株式会社実業之日本社
〒107-0062 東京都港区南青山6-6-22 emergence 2
電話（編集）03-6809-0473
（販売）03-6809-0495
https://www.j-n.co.jp/
DTP……………Lush!
印刷・製本…………大日本印刷株式会社

ISBN978-4-408-65049-4（第二書籍）